职业院校新能源汽车专业系列教材

新能源汽车节能与结构轻量化

丛书主编　毕结礼　王文槿
丛书副主编　尹力卉　王　琳
本书主编　袁煜材　吕国成

机械工业出版社

本书主要介绍了汽车结构轻量化与节能的重要性、汽车轻量化的发展背景、国内外汽车轻量化发展现状、我国汽车轻量化的发展战略、各种材料（如高强度钢、碳纤维、铝合金等）及对应处理工艺对促进汽车轻量化发展的重要性，以及发动机、车身、底盘、传动系统、电气系统、空调和电动机、动力蓄电池等总成的轻量化实现路径等内容。书中设有"学习指南""学习建议""学习目标""知识目标""技能目标""素养目标""导入案例""小知识""学习评价"等栏目，以方便读者学习。

本书主要用作职业院校新能源汽车专业教材，也适合从事新能源汽车工作的人员学习使用，还可作为汽车轻量化培训指导用书。

图书在版编目（CIP）数据

新能源汽车节能与结构轻量化/袁煜材，吕国成主编.—北京：机械工业出版社，2020.8（2024.6重印）

职业院校新能源汽车专业系列教材

ISBN 978-7-111-65655-5

Ⅰ.①新…　Ⅱ.①袁…②吕…　Ⅲ.①新能源-汽车-节能-职业教育-教材②新能源-汽车-车体结构-结构设计-职业教育-教材　Ⅳ.①U469.7

中国版本图书馆 CIP 数据核字（2020）第 087803 号

机械工业出版社（北京市百万庄大街22号　邮政编码100037）
策划编辑：陈玉芝　责任编辑：陈玉芝　王　博
责任校对：陈　越　责任印制：单爱军
北京虎彩文化传播有限公司印刷
2024年6月第1版第7次印刷
184mm×260mm・7.25印张・176千字
标准书号：ISBN 978-7-111-65655-5
定价：29.80元

电话服务　　　　　　　网络服务
客服电话：010-88361066　机　工　官　网：www.cmpbook.com
　　　　　010-88379833　机　工　官　博：weibo.com/cmp1952
　　　　　010-68326294　金　书　网：www.golden-book.com
封底无防伪标均为盗版　机工教育服务网：www.cmpedu.com

前　言

　　经过 20 多年的发展，我国汽车产业取得了长足进步。2019 年，我国汽车产量为 2572 万辆，销量达 2577 万辆，产销量居全球第一。虽然我国已成为名副其实的汽车大国，但还不是汽车强国。我国于 2012 年发布了《节能与新能源汽车产业发展规划（2012—2020 年）》，于 2015 年发布了《中国制造 2025》，正式提出制造强国战略，并将节能与新能源汽车列为重点发展的十大领域之一。

　　本书在结合职业技能教育特点的基础上大胆创新，兼顾基本知识的同时，重点突出对学生自我学习能力的培养，以满足现代汽车行业对技能型人才的需求。本书可以帮助学生掌握新能源汽车节能和轻量化的相关知识，树立自学意识，掌握解决实际问题的能力，从而应对日益激烈的人才竞争。

　　本书在编写过程中广泛采纳了一线教学研究人员和行业技术专家等提出的宝贵意见，从实际应用出发，具有层次分明、条理清晰、内容翔实、图文并茂、易学易懂、一看就会的特点。

　　本书由袁煜材、吕国成担任主编，白洁、林炳宏、李恩定、李木养参加编写。白洁编写 1.1 节的内容，吕国成编写 1.2 节的内容，袁煜材编写 1.3 节的内容，李木养编写模块 2 的内容，林炳宏编写模块 3、模块 4 的内容，李恩定编写模块 5 的内容。在本书编写过程中，参阅了大量的相关资料，其中包括国外汽车轻量化技术的有关书籍。

　　由于编者水平有限，书中难免有不足之处，恳请广大读者批评指正。

编　者

目 录

前言

模块1 新能源汽车轻量化概述 ········ 1
  1.1 节能减排与新能源汽车 ········ 1
    1.1.1 节能减排与发展新能源的重要意义 ········ 2
    1.1.2 我国发展新能源汽车的必要性和重要意义 ········ 4
    1.1.3 我国新能源汽车的发展现状 ········ 6
  1.2 认识汽车轻量化 ········ 7
    1.2.1 汽车轻量化的相关概念 ········ 8
    1.2.2 汽车轻量化的现实意义 ········ 10
    1.2.3 汽车轻量化与安全性 ········ 13
  1.3 国内外汽车轻量化发展现状介绍 ········ 15
    1.3.1 我国汽车轻量化发展现状 ········ 15
    1.3.2 国外汽车轻量化发展现状 ········ 18

模块2 高强度钢在汽车轻量化中的应用 ········ 22
  2.1 高强度钢的分类及特点 ········ 22
  2.2 高强度钢在汽车上的应用 ········ 25
  2.3 汽车用高强度钢板的发展现状和趋势 ········ 30
    2.3.1 汽车工业对冷轧钢板性能的要求 ········ 31
    2.3.2 汽车用高强度冷轧钢板的发展趋势 ········ 35
    2.3.3 汽车用超高强度钢的发展 ········ 38
  2.4 高强度钢使用和发展面临的挑战 ········ 40
    2.4.1 高强度钢生产技术面临的挑战 ········ 40
    2.4.2 高强度钢使用过程中的主要问题 ········ 42
    2.4.3 发展高强度汽车钢板的对策 ········ 42

模块3 铝合金和镁合金在汽车轻量化中的应用 ········ 47
  3.1 铝合金 ········ 47
    3.1.1 铝合金的分类 ········ 48
    3.1.2 铝合金的应用 ········ 50
    3.1.3 汽车用铝合金的发展 ········ 51
  3.2 镁合金 ········ 57
    3.2.1 镁合金在汽车上的应用和进展 ········ 58

3.2.2 镁合金在汽车上的应用现状 ………………………………………………… 59
　　3.2.3 镁合金在汽车上的应用前景 ………………………………………………… 60
　　3.2.4 国内镁合金在汽车上的应用 ………………………………………………… 60
　　3.2.5 汽车用镁合金材料产业的国内外发展现状及趋势 ………………………… 61

模块 4　碳纤维复合材料在汽车轻量化中的应用 …………………………………… 66
4.1 认识碳纤维复合材料 ……………………………………………………………… 66
　　4.1.1 碳纤维复合材料的分类 ……………………………………………………… 67
　　4.1.2 碳纤维成型工艺 ……………………………………………………………… 68
　　4.1.3 铺层设计 ……………………………………………………………………… 68
　　4.1.4 热缩工艺 ……………………………………………………………………… 69
　　4.1.5 表面质量分析 ………………………………………………………………… 69
　　4.1.6 验证碰撞模型 ………………………………………………………………… 69
4.2 汽车用碳纤维复合材料的发展状况及需解决的问题 …………………………… 71
　　4.2.1 碳纤维复合材料的性能及发展趋势 ………………………………………… 72
　　4.2.2 国内外碳纤维复合材料汽车的发展状况 …………………………………… 74
　　4.2.3 汽车应用碳纤维复合材料待解决的问题 …………………………………… 75

模块 5　汽车各总成轻量化技术路径 ………………………………………………… 78
5.1 整车轻量化 ………………………………………………………………………… 78
　　5.1.1 车身轻量化 …………………………………………………………………… 79
　　5.1.2 底盘轻量化 …………………………………………………………………… 82
　　5.1.3 传动系统轻量化 ……………………………………………………………… 85
　　5.1.4 外饰零件轻量化 ……………………………………………………………… 88
5.2 电气系统轻量化 …………………………………………………………………… 92
　　5.2.1 电子电器系统轻量化 ………………………………………………………… 92
　　5.2.2 空调系统轻量化 ……………………………………………………………… 94
5.3 电动机、动力电池轻量化 ………………………………………………………… 97
5.4 混合动力发动机轻量化 …………………………………………………………… 101
　　5.4.1 发动机轻量化 ………………………………………………………………… 102
　　5.4.2 附件轻量化 …………………………………………………………………… 105

参考文献 …………………………………………………………………………………… **110**

模块 1
新能源汽车轻量化概述

学习指南

通过本模块的学习，了解汽车节能减排的重要性与发展新能源汽车的必要性，了解目前我国新能源汽车的发展现状；认知汽车轻量化的概念，认知汽车轻量化与我国汽车工业的关系，明晰汽车轻量化是节能减排的重要途径，理解汽车轻量化与安全性的关系，认识到汽车轻量化将是汽车工业发展的必然趋势以及未来的发展方向；树立节能环保意识，提高自身素质。

本模块的学习重点是汽车轻量化的概念、轻量化的意义，以及汽车轻量化与安全性的关系，难点是掌握汽车轻量化在实践中的具体应用。

学习建议

可用资源	☑PPT ☑视频讲座 ☑培训频道
	☐专家讲座 ☐其他
学习方法	听讲、观察、实操、现场考评、课堂讨论

1.1 节能减排与新能源汽车

学习目标：了解汽车节能减排的重要性与发展新能源汽车的必要性；了解我国新能源汽车发展现状。

知识目标：1. 认识节能减排与新能源发展的重要意义。
2. 认识我国发展新能源汽车的重要意义。

技能目标：正确描述汽车节能的基本途径。

素养目标：树立节能环保意识，全面认识我国建立新能源汽车战略的意义。

导入案例：

小张是一名初中毕业生，他选择了去技师学院学习。在选择专业的时候，他看到了新能源汽车检测与维修专业。小张知道，现在有许多人都在关注新能源汽车，那么大家为什么要选择购买新能源汽车？为什么现在国家要大力发展新能源汽车专业？怎样发展？带着这些疑问他来到了学校的咨询台前，想听听老师是怎么解答的。

案例分析：

在过去的相当一段时间里，我国的经济发展模式较为粗放：我国单位国内生产总值（Gross Domestic Product，GDP）的能源消耗量是日本的15倍，是美国的8.7倍；终端能源用户在能源消费的支出占国内生产总值的13%，而美国仅为7%；从能源利用效率看，我国主要高耗能行业的单位产品能耗比世界先进水平高47%。由此可见，在提高资源利用率方面，我们有很大的潜能。在节约能源方面，我们可从调整产业结构、改变经济增长模式、提升科技含量方面来着手。

作为交通工具的汽车，每天要排放大量的碳、氮、硫的氧化物，碳氢化合物，铅化物等多种大气污染物，是重要的大气污染发生源，给人体健康和生态环境带来严重的危害。因此，发展新能源和节能减排是汽车产业发展的永恒主题。

1.1.1 节能减排与发展新能源的重要意义

1. 节能减排与发展新能源的必要性

能源，对于一个国家来说具有十分重要的作用，它是一个国家发展的动力，也是民生的基本保障。进入21世纪以来，随着科技的不断进步，人们对能源的依赖，特别是煤、石油、天然气等燃料的依赖更加强烈，能源的直接或者间接消费已深入到我们生活的各个方面。如果没有了能源，我们的生活将寸步难行。在20世纪，发达国家先后完成了工业化，消耗了地球上的大量自然资源，特别是能源资源。当前，一些发展中国家正在逐步实现工业化，在这个过程中，能源的大量消耗是发展的必然要求。

能源的供不应求必然促使我们去寻找新的能源形式。1981年，联合国召开的"联合国新能源和可再生能源会议"对新能源的定义为：以新技术和新材料为基础，使传统的可再生能源得到现代化的开发和利用，用取之不尽、周而复始的可再生能源取代资源有限、对环境有污染的化石能源，重点开发太阳能、风能、生物质能、潮汐能、地热能、氢能和核能。这些新能源的共同特点是可以再生，这也就避免了面临能源消耗殆尽的危险。

由于能源发展与环境保护之间有着紧密的关系，世界上多数国家都将环境保护作为能源战略的重要目标，非常注重节能减排对自身经济和社会的影响，纷纷采取各种措施进行节能减排。因各国国情不同，能源政策的着眼点和倾向也不同。如美国主要以优惠政策来辅助科研力量，达到节能降耗的目的，陆续出台了《21世纪清洁能源的能源效率与可再生能源办公室战略计划》《国家能源政策》等十多项政策来推动节约能源。2003年，美国能源部出台了《能源战略计划》，把"提高能源利用率"上升到"能源安全战略"的高度，并提出四大能源安全战略目标。"从点滴做起、节能从家庭做起"是英国政府的一项重要措施。英国政府对采用节能锅炉和节能家用电器的家庭提高补贴。据英国煤气电力公司统计，通过采取政府推荐的节能措施，现在英国家庭每年在能源上的支出节省了3.5亿英镑。在丹麦，政府坚持开发与节约并重，其新能源技术，特别是风力发电、生物质能源以及能源效率方面，处于世界领先地位。可见，节能减排与发展新能源对人类发展具有重要意义，也成为世界各国共同努力的目标。

2. 汽车节能减排的必要性

随着经济的高速发展，汽车成为人们不可缺少的交通工具，越来越多的人拥有汽车，随之而来的环境问题与能源问题也愈显突出。目前,我国汽车用汽油、柴油消费占全国汽油、柴油消费的65%,每年新增石油消费的70%被新增汽车消耗,汽车化进程与石油消费的矛盾日益突出。在今后相当长的一段时间内,至少2030年以前,汽车仍将以化石燃料为主要动力能源。因此,解决汽车发展与化石燃料紧缺矛盾的关键不仅在于要培育新能源汽车发展,还必须同时推进传统能源汽车的节能,即节能与开发新能源汽车两手都要抓,两手都要硬。与此同时,机动车的尾气污染问题也成为现在环境污染问题中的一个重点,机动车的排放物已明显成为城市大气环境污染的主要来源。

3. 汽车节能减排的基本途径

(1) 开发替代能源 替代能源是指能够替代汽油、柴油为汽车提供动力的能源。按照能源的不同,替代能源汽车可分为:①基于天然气和石油伴生气的燃气汽车,如压缩天然气汽车和液化石油气汽车;②基于化石燃料的替代燃料汽车,如煤制油汽车、天然气制油汽车和二甲醚汽车;③生物燃料汽车,包括燃料乙醇汽车和生物柴油汽车;④基于电能的汽车,包括混合动力汽车、纯电动汽车和燃料电池汽车;⑤其他清洁能源汽车,如氢发动机汽车。在上述各种替代源中,尽管新能源汽车在节能减排方面有巨大的潜力,但是受到核心技术缺失、基础设施建设刚刚启动和短期成本高等因素的制约,在一定时期内,还无法改变传统汽车的主导地位。

(2) 改善用车环境 改善用车环境是指通过养成良好的驾驶习惯和改善交通环境等措施来减少使用过程中的燃油消耗。良好的驾驶习惯包括善用制动踏板、保持适当胎压水平、减少车辆负重、避免猛踩加速踏板、尽量选高速档等。改善交通环境至少包括以下内容:①发展节能型交通模式,城间运输尽量使用能效高的轨道交通,减少对汽车运输的需求;②合理布局城市功能,构建高效的城市交通系统,提高道路利用率;③构建智能交通系统,减少交通阻塞和不必要的行驶,提高汽车行驶效率;④大力发展公共交通,减少家用车以代步为目的的使用,降低单车燃油消耗总量。节约用油涉及城市交通模式的选择、交通系统的构建以及人们良好节能意识的建立,需长期贯彻执行才能取得成效。

(3) 提高燃油经济性 一般可以通过采用一系列节能技术,来提高汽车的燃油经济性。例如,大力发展先进发动机技术,通过一系列电子技术的应用,提高燃油效率,改善燃油经济性;通过发动机增压技术提高发动机效率;通过改进车身形状降低空气阻力;通过采用轻质材料和改进车身结构降低汽车的整车重量;通过采用低滚动阻力轮胎降低汽车行驶阻力。与改善用车环境不同,提高燃油经济性是针对汽车本身的性能。提高燃油经济性实际上有两个含义:一是提高单车燃油经济性,即降低汽车的油耗水平;二是提高平均燃油经济性,即降低汽车的社会平均油耗水平。前者是对某一辆车而言,后者是着眼于某一类或某一范围的全体汽车。

> 💡 **小知识**
>
> **汽车尾气污染**
>
> 汽车尾气中含有的污染物有固体悬浮微粒、CO、CO_2、氮氧化合物、铅等。其中,固体悬浮微粒会对人类的健康造成危害,由于它有较强的吸附能力,会将各种有害物质带入

人的呼吸道、肺部等。这些有害物质包括金属粉尘、强致癌物和病原微生物等，它们将会导致各种呼吸疾病的发生。CO 与血液中血红蛋白的结合力比氧气强 250 倍左右，人体吸入 CO 后，血红蛋白与 CO 结合成为碳氧血红蛋白，这会大大降低血液输送氧的能力，危害中枢神经系统，重者危害血液循环系统，导致生命危险。另外，CO_2 更是造成温室效应的主要原因。碳氢化合物是造成光化学烟雾的主要物质之一。氮氧化合物主要是 NO 和 NO_2，它们对人体健康都会造成危害，尤其对呼吸系统的伤害较为严重。铅是有毒的重金属元素，城市中的铅 60% 以上来自汽车含铅汽油的燃烧。人体中的铅含量超标会引发心血管系统疾病，而且会对肝、肾等器官的功能及神经系统造成不同程度的影响。由此可见，汽车尾气污染严重威胁着人类的健康，更给环境带来了巨大压力，汽车的节能减排工作已经刻不容缓。

太阳能的利用

太阳能是地球上大多数能源的来源，地球上的多数能源形式都是太阳能通过能量的转化得到的。同时，太阳能清洁环保，无任何污染，利用价值高，更没有能源短缺这一说法，其种种优点决定了其在能源更替中不可取代的地位。目前，对太阳能的利用主要有太阳能光伏、太阳能光热、太阳光合成三种。目前人们对太阳能的利用主要集中在前两种。

微生物能的利用

近些年来，生物技术得到了巨大的发展，一度被人们认为会带来人类的第四次科技革命。的确，生物技术的发展正在一点点影响着我们的生活。生物技术具有条件温和、环境友好等特点，因此也启发了人们开发新能源的思路。世界上有不少国家盛产甘蔗、甜菜、木薯等，利用微生物发酵，可制成乙醇（俗称酒精）。乙醇具有燃烧完全、效率高、无污染等特点，用其稀释汽油可得到乙醇汽油。据报道，巴西已改装了以乙醇汽油或乙醇为燃料的汽车，大大减轻了大气污染。此外，利用微生物可制取氢气，也是开发能源的新途径。

1.1.2 我国发展新能源汽车的必要性和重要意义

1. 发展新能源汽车的必要性

发展新能源汽车的必要性主要有以下两个方面。

(1) 应对未来的能源危机　汽车的发展主要以地球上有限的矿物燃料资源为基本前提，随着世界各国汽车保有量的不断增加，石油在交通领域的消费逐年增长。因此，石油资源已成为世界各国共同关注的焦点。为减少对石油的依赖，各国都把发展新能源汽车作为战略制高点。我国原油消耗情况和未来预测如图 1-1 所示。因此，我国发展新能源汽车是应对节能减排重大挑战的需要，同时也是汽车产业实现跨越式发展和提升国际竞争力的需要。

(2) 减少环境污染　交通能源消耗是造成局部环境污染和全球温室气体排放的主要原因之一。据统计，大气污染 42% 来源于交通运输，2010 年汽车尾气排放量占空气污染源的 64%。汽车尾气排放中的 CO_2 虽然不会对人体造成直接的危害，但大气中大量的 CO_2 抑制了地球的散热，使地球温度上升，产生温室效应，导致全球气候变暖。汽车尾气排放对环境

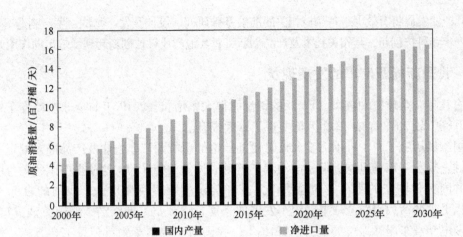

图 1-1　我国原油消耗情况和未来预测

造成的污染已经严重危害人们的生活和健康。因此发展新能源汽车可大大减少环境污染。

2. 发展新能源汽车的重要意义

新能源汽车作为当前和未来全球汽车产业发展的重点，对我国能源、环境、经济、科技、社会等方面都将产生较大影响。发展新能源汽车，遵循了我国倡导发展循环经济与节约经济的战略方针，对于促进汽车产业转型升级、提升产业国际竞争力、建设环境友好型社会具有重大战略意义。

1）有利于降低石油进口依存度，保障国家能源安全。2014 年，我国汽车成品油消费量约为 2.5×10^8 t，接近石油消费总量的 50%，与此同时，我国当年石油对外依存度上升至 58%。如果未来我国汽车全部采用传统技术，则 2050 年汽车成品油消费量将达到 5.5×10^8 t，可能导致我国石油消费总量达到 8.5×10^8 t，当年石油进口依存度达到约 75%，对我国能源安全尤其是石油安全带来极大挑战。如果新能源汽车得到大规模推广并在 2050 年达到约 3.5 亿辆，占汽车总保有量的 60% 左右，则可替代车用燃油量约 2.5×10^8 t，届时我国石油对外依存度将大幅度降低。

2）有利于缓解温室气体减排压力，控制大气污染物排放。如果在 2050 年新能源汽车保有量占汽车总保有量的比例达到 60%，则可实现约 5×10^8 t 的温室气体（CO_2）减排，相对全部采用传统汽车技术的情况，可以减少 30% 的温室气体排放。新能源汽车的发展，有利于我国有效缓解温室气体减排压力。新能源汽车的推广可大幅削减车辆运行阶段大气污染物的排放，对于改善城市空气质量、保证人群健康具有重要意义。

3）有利于我国汽车产业乃至制造业转型升级。新能源汽车是我国从汽车大国迈向汽车强国的必由之路。汽车产业的发展趋势是电动化、智能化和网联化，汽车产业将是"互联网+制造"的典型产业。新能源汽车的核心是驱动力的新能源化，其创新与发展除了革新汽车电动机、电子控制系统（简称电控）乃至整车技术外，还将高度融合能源管理、智能互联和云服务，极大地重塑汽车产业链。这对汽车产业基础相对薄弱的我国来说，是挑战，更是契机，新能源汽车很可能是我国从汽车大国向汽车强国转型的突破口。

4）有利于带动相关领域的科技创新。新能源汽车作为低碳化和智能化这两个未来时代主题高度融合的典型产品，涉及材料科学、信息技术、控制技术、制造工艺、制造装备等几大

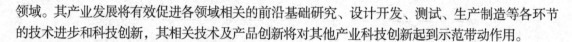

领域。其产业发展将有效促进各领域相关的前沿基础研究、设计开发、测试、生产制造等各环节的技术进步和科技创新，其相关技术及产品创新将对其他产业科技创新起到示范带动作用。

1.1.3 我国新能源汽车的发展现状

过去几年，全球电动汽车（EV）的销量取得大幅增长。2019年的全球电动汽车销量达到221万辆，较2012年的12.2万辆实现了巨大提升。

我国虽然历经了减少补助力度、修订更加严格的新能源汽车企业及产品准入规定等政策措施、健全规范与市场机制，但是电动汽车销量成长仍十分强劲，这使得中国的销量占据领先地位并同其他国家的距离越拉越大，尤其和美国的距离明显加大。我国的目标十分明确——以更大的活力引领全球电动汽车发展的速度，保证空气的清洁，摆脱原油进口依赖，推动我国电动汽车国际地位的提升。2019年，我国新能源汽车销量超过120万辆，保持全球领先地位。

经过近25年的发展，我国新能源汽车已建立了较为完整的产业体系，管理政策及标准法规也基本覆盖产业链上、中、下游各个环节。尤其是"十二五"以来，科技研发专项工程与示范推广工程的同步实施，推动了我国新能源汽车产业在产品、技术等多个方面取得显著成绩。

在顶层设计方面，由于新能源汽车属于新兴产业，技术路经尚未清晰，各国对其发展规划都在不断调整。我国新能源汽车扶持政策主要源于科技创新政策和产业政策，产业发展战略顶层设计几乎与国际同步，战略出发点包括转型升级中的弯道超车、能源安全和环境保护等。目前，以大力发展纯电动汽车和插电式混合动力汽车为主，在燃料电池汽车及其他替代燃料汽车方面的政策则有所弱化，在新能源汽车与可再生电力、智能电网等新型能源交通系统融合方面尚没有系统性的政策设计。其销售主要采用提供财政现金补贴的方式，产业税收优惠政策形式主要以减免税等直接优惠方式为主。

在整车技术方面，整车技术自主化水平不断提高，基本实现"三纵三横"三大平台矩阵式体系。我国的新能源客车性能国际领先，出口到英国、巴西等多个国家。插电式乘用车百千米油耗普遍降至2L以下，比亚迪的超级混动技术（DMI）纯电续驶里程为120km，综合续驶里程为1245km，电动汽车（EV）续驶里程突破500km，百千米加速及耗电量等技术指标大幅提升，中级别以下车型性能指标趋近国际水平，燃料电池汽车试点工程已经推广实施，但在部分关键技术方面与国外差距较大。纯电动乘用车（BEV）多采用与传统汽车共用的平台，模块集成化程度低，难以进行进一步优化设计。

在电池配套方面，我国基本采用磷酸铁锂电池，安全性较高且寿命长，但能量密度低，轻量化技术上有所欠缺，其他国家多采用锰酸锂和三元材料电池。插电式混合动力乘用车（PHEV）在机电耦合系统构型方面与国外基本保持一致。混合动力系统仅有比亚迪双模四驱及上汽智能电驱变速器（EDU）系统累计销量过万，其余均处于产业化初期。燃料电池乘用车（FCV）的燃料电池汽车动力系统技术平台研究与国外几乎同步开展，采取电-电混合动力系统平台技术方案。新能源客车方面，我国纯电动客车在电子控制空气悬架底盘、轮边驱动桥、轻量化、电磁兼容等电动客车关键技术方面取得进展，产品应用处于世界领先地位。我国插电式混合动力客车产品的应用规模及技术水平均进步显著，典型产品的纯电续驶里程突破65km，最佳百千米油耗仅为17.9L；技术上突破了专用插电式混合动力客车底盘技术，在全承载技术、双电压复合储能系统技术方面取得进展；开发了拥有完全自主知识产权的集同轴混联构型、发动机智能启停、五合一控制器、复合电源等多项核心技术为一体的双电机同轴插电深混技术平台。

在关键零部件方面，受益于我国新能源汽车产业快速发展，国内三电技术取得明显提高，动力电池单体能量密度持续提升，电机性能稳步推进，电控逐步实现产业化；但与国外相比，部分关键技术及设备工艺有待进一步提升。

在电池方面，随着政策持续推进，锂电池行业也随之发展迅速。在国家工业和信息化部印发的《汽车产业中长期发展规划》中指出，争取在2025年，我国的新能源汽车占比要达到汽车行业总产销额的20%以上。由此可见，由于新能源汽车的强势发展，必将会持续带动锂电池行业一路走高。在未来，新能源以及绿色节能的环保产业会成为我国重要的支柱产业。在锂电池的发展过程中，三元锂电池的发展势头尤为突出。和钴酸锂、磷酸铁锂以及锰酸锂电池相比，三元锂电池在使用中具有能量密度高、循环性能好以及电化学稳定性强的优势，在新能源汽车领域有着独到的优势。同时，三元锂电池的输出功率也比较大，具有很强的低温性能，与其他锂电池相比，三元锂电池更能适应不同的外部温度，可以更好地出行。

在电机方面，我国在驱动电机功率密度和效率、噪声、振动与声振粗糙度（NVH）性能等方面与国际水平基本相当，但在大批量制造工艺与装备方面，我国自主化能力仍需提高。

在电控方面，整车控制器国外趋于成熟，国内产品小批量进入市场，控制器基础硬件和开发工具等基本依赖进口，产品技术水平和产业化能力与国外仍有很大差距。电机控制器核心零部件国外产品成熟，国内处于技术产业化阶段，在产品集成度、生产工艺、装备和可靠性方面，与国际先进水平存在较大差距。在电池控制系统（BMS）方面，我国技术已获得市场认可，国内外 BMS 整体差距不大，在参数精度及动态掌控上都需提升，但荷电状态（SOC）等评估技术及理论模型主要参照国外。

学习评价

1. 运用所学知识，和同学们讨论汽车节能减排的应用技术有什么特点。
2. 到网站搜索，认知不同节能技术的汽车。

学习讨论

1. 请你说一说为什么一定要大力发展新能源汽车。
2. 请简述新能源汽车的优点。
3. 大家谈一谈不同节能技术汽车的现状和未来的发展。

1.2 认识汽车轻量化

学习目标：了解汽车轻量化的相关概述；认识汽车轻量化对节能减排的重要意义；正确认识汽车轻量化与我国汽车工业发展的关系。

知识目标：1. 了解汽车轻量化的相关概念。
2. 了解汽车轻量化对节能减排的重要意义。
3. 正确认知汽车轻量化与我国汽车工业的关系。

技能目标： 1. 正确描述汽车轻量化的基本概念。
2. 清晰表达实现汽车轻量化的主要途径。
3. 对汽车进行简单的轻量化设计。

素养目标： 树立节能环保的意识。

导入案例：

吕先生想购买一辆新能源汽车，他走访了很多4S店，销售人员除了介绍新车的价格和性能之外，总是提到汽车轻量化这个概念，搞得吕先生一头雾水，不知道轻量化到底有哪些现实意义和背景，总是担心轻量化后对汽车安全会产生影响。

案例分析：

此案例中吕先生需要掌握一些轻量化的基本概念、轻量化的意义、汽车轻量化与安全性的关系，明晰汽车轻量化是节能减排的重要途径，是提升我国汽车工业自主创新的驱动力。

1.2.1 汽车轻量化的相关概念

汽车轻量化是一个含义非常广泛的设计准则，其目标是减少工业产品的重量。轻量化设计的任务是在最小的构造重量下，达到最大限度的使用范围。

汽车轻量化有助于节能减排、提高发动机的效率、降低尾气排放、减少驱动环节中的"摩擦损失"，是低碳时代汽车技术的发展方向。

轻量化是汽车生产的技术，这一概念最先起源于赛车运动，它的优势其实不难理解，重量轻了，可以带来更好的操控性，发动机输出的动力能够产生更高的加速度。由于车辆轻，起步时加速性能更好。

汽车的轻量化，就是在保证汽车的强度和安全性能的前提下，尽可能地降低汽车的整备重量，从而提高汽车的动力性，减少燃料消耗，降低排气污染。实验证明，汽车重量降低1/2，燃料消耗量也会降低将近1/2。由于环保和节能的需要，汽车轻量化已经成为世界汽车发展的潮流。

汽车轻量化的主要指导思想是在确保稳定提升性能的基础上，节能化设计汽车总成零部件，持续优化车型谱。

汽车轻量化的技术内涵是：采用现代设计方法和有效手段对汽车产品进行优化设计，或使用新材料在确保汽车综合性能指标的前提下，尽可能降低汽车产品自身重量，以达到减重、降耗、环保、安全的综合指标。

实验证明，若汽车整车重量降低10%，燃油效率可提高6%~8%；汽车整备重量每减小100kg，百千米油耗可降低0.3~0.6L。轻量化的效益如图1-2所示。

汽车轻量化技术包括汽车结构的合理设计和轻量化材料的使用两大方面。汽车工业共性关键核心技术的缺失，是我国汽车创新发展的瓶颈。解决轻量化材料问题，不仅需要采用更轻的材料，同时还要掌握这些材料的应用技术。汽车轻量化也不是越轻越好，它需要在一个合理、科学的范围内进行；对于轻量化的成本问题也是如此，也需要在一定的成本控制下

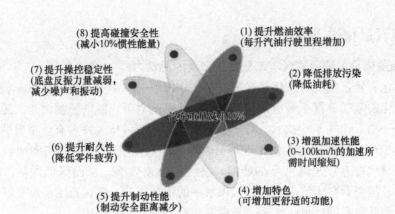

图 1-2 轻量化的效益

实现。

当前汽车轻量化的主要途径有：

1）汽车主流规格车型持续优化，在规格主参数尺寸保留的前提下，提升整车结构强度，降低耗材用量。

2）采用轻质材料，如铝、镁、陶瓷、塑料、玻璃纤维或碳纤维复合材料等。

3）采用计算机进行结构设计，如采用有限元分析、局部加强设计等。

4）采用承载式车身，减薄车身板料厚度等。

汽车轻量化技术的实施首先应设定工程目标：汽车的最小重量，汽车的轴荷分布以及动态和静态刚度，声学特性和舒适性，被动安全性和满足法规目标，使用寿命和生命周期等。

> 💡 **小知识**
>
> **汽车轻量化**
>
> 汽车轻量化并不是一味地降低重量或门板厚度，与"减重"的概念并不能简单等同。汽车轻量化是在完善或改进汽车综合性能的基础上，尽可能地降低车身重量，达到重量降低、结构优化、安全性能提高和成本降低这四者有机结合的目标。相关研究表明，汽车75%的油耗都与其重量有关，比如滚动阻力、加速阻力和梯度阻力等，汽车整备重量每下降10%，油耗即可下降6%~8%，废气排放量下降4%；车辆重量降低100kg，百千米油耗即可降低0.3~0.6L。因此，汽车重量越大，燃油经济性就表现得越差。在保持汽车整体品质、性能和造价不变甚至优化的前提下，降低汽车自身质量可以提高输出功率、降低噪声、提升操控性和可靠性、提高车速、降低油耗、减少废气排放量、提升安全性。研究数字显示，若汽车整车质量降低10%，燃油效率可提高6%~8%；若滚动阻力减少10%，燃油效率可提高3%；若车桥、变速器等装置的传动效率提高10%，燃油效率可提高7%。汽车车身重量约占汽车总重量的30%，空载情况下，约70%的油耗用在车身重量上。因此，车身变轻对于整车的燃油经济性、车辆控制稳定性、碰撞安全性都大有裨益。

1.2.2 汽车轻量化的现实意义

1. 汽车轻量化是加速国家汽车工业自主创新的驱动力

汽车电气化、轻量化、智能化是未来汽车技术发展的三个重要方向。汽车轻量化是汽车电气化与智能化的基础,汽车轻量化技术的提升,不论对于传统的燃油汽车,还是对于新能源汽车,都是一项共性的基础技术,对于整个汽车产业的可持续发展有着重要的意义。近年来,消费者对于汽车轻量化的认识不断提升,乘用车轻量化可有效提高燃油经济性和动力性,商用车轻量化可有效提高汽车的燃油经济性和运输效率,从而降低油耗,减少运营成本。随着国内外消费者对于汽车轻量化认识水平的不断提升,我国自主品牌要在国内外有大的作为,提升产品自身的轻量化水平,是提高产品竞争力的重要途径之一。

因此,大力发展我国汽车工业,尤其是自主品牌汽车工业的轻量化水平,是国家能源安全战略的需要,更是提高我国自主品牌汽车产品国际竞争力的需要。

(1) 汽车轻量化是提升国家汽车工业自主创新能力的重要途径　汽车轻量化是世界汽车技术发展的重要方向,汽车轻量化技术对调整我国产品结构和产业结构,提升我国汽车工业自主创新能力有着重要意义。从汽车工业来讲,由于受到当前电池性能水平限制,目前各种新能源汽车较同类汽车明显增重,不仅降低了电池能量的利用率,而且对碰撞安全性将造成严重影响。轻量化设计不仅可以在保证汽车碰撞安全性的前提下实现产品减重,而且有利于缓解因动力电池过重带来的压力,有助于推动新能源汽车的市场化进程。从相关工业来讲,汽车轻量化技术引发了产业链的延伸,以钢铁企业为例,轻量化所应用的四大钢板成形技术,在国际上已形成100亿欧元以上的产值,在我国也具有100亿元人民币以上的潜在市场。目前,外国企业纷纷进入我国设厂,我国钢铁企业也在加大开发与建设力度。总体来看,汽车轻量化产业链的形成将带动整个相关零部件产业的提升和创新发展。

(2) 汽车轻量化与提升国家整体工业水平密切相关　汽车轻量化是个跨产业的系统工程,涉及冶金、材料、装备、设计、制造、维修、回收再利用等多个相关产业的发展。所以,汽车轻量化产业的形成和发展,需要依托于我国相关产业的大力发展。只有相关产业快速发展,汽车轻量化产业发展才有基础和根基。与国外的发展水平相比,我国在汽车用高强度钢(HSS)、铝合金板材和先进复合材料等材料领域的发展还相对滞后,无论从产品种类上,还是从生产稳定性上,都不能完全满足汽车工业的需求。反之,汽车轻量化产业的发展也带动相关产业发展的步伐顺势加快。随着2007年我国汽车轻量化技术创新战略联盟的成立,近年来国内汽车轻量化产业有了快速的发展,也形成和带动了一批相关产业的快速发展。例如,汽车用超高强度钢(UHSS)在近年来连续增长超过40%,汽车用先进高强度钢(Adanvanced High Strength Steel,AHSS)也有了较快增长,大大提升了我国汽车用钢的开发进程和生产稳定性。另外,汽车用超高强度钢热成形生产线、汽车用液压成形生产线、汽车用锻造铝合金产品生产线的建设,也带动了与之相配套的伺服压力机、气垫式加热炉、模具等装备工业的快速发展。

2. 汽车轻量化是节能减排的重要途径

所谓结构节能,是通过调整全社会的车型结构,达到降低社会平均油耗及降低全社会燃油消费总量的目的。如加大低油耗小型车和普通轿车比重、减少高油耗大型车和运动型多用途汽车(SUV)比重,以及适当加大能效高的柴油车比重等,都属于结构节能的措施。这两方面的措施分别称为小型化结构节能和柴油化节能。目前，世界各国应对能源和环境挑战的战略侧重和战略意图虽有不同，但仍具有很多重要的共性。图 1-3 所示为西门子公司发布的在汽车上采取不同技术措施的节能潜力对比。从图 1-3 中可见，轻量化是汽车节能减排最有效的技术途径。目前，轻量化已经成为世界汽车发展的潮流，减小汽车自身重量是汽车降低燃油消耗率及减少排放的有效措施之一。图 1-4 所示为全球汽油车整备重量与燃油消耗量之间的关系。从图 1-4 中可见，随着汽车整备重量的增加，汽车燃油消耗量也随之增加，但不同车型增加的幅度不同。

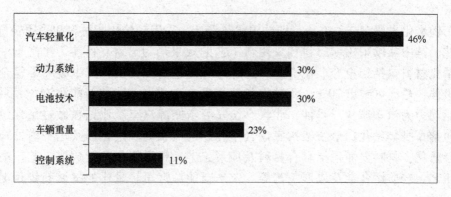

图 1-3　西门子公司发布的在汽车上采取不同技术措施的节能潜力对比

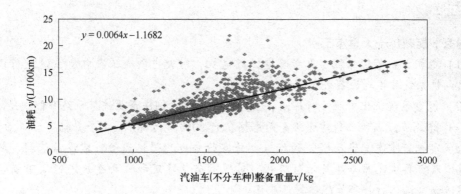

图 1-4　全球汽油车整备重量与燃油消耗量之间的关系

　　研究表明，汽车行驶过程中必须克服多种阻力，包括滚动阻力、爬坡阻力、加速阻力和空气阻力。除了空气阻力外，其他阻力都与整车重量成正比。所以，降低汽车重量可有效降低油耗和排放。世界铝业协会的报告也指出，汽车重量每降低 10%，可降低油耗 6%~8%，排放下降 4%；若滚动阻力减少 10%，燃油效率可提高 3%；若车桥、变速器等装置的传动效率提高 10%，燃油效率可提高 7%。另外有数据显示，在过去的 20 年间，欧盟、日本等国家或地区的汽车平均重量已降低了 25%，在未来 10~15 年内，汽车平均重量将再降 20%~25%。通过轻量化进行节能减排与其他技术手段并不冲突，无论采用哪种手段，轻量化都可以在此基础上实现进一步节能减排。即使是电动车，减轻了车身重量，不仅可以降低能耗，也可以在同样整备重量的前提下安装容量更大的电池，而这两方面均可以提升电动汽车的续航能力。可见，在当今车用动力电池与发动机技术提升难度日益增加、交通压力越来越大的背景下，无论传统汽车还是新能源车，大力发展并推进汽车轻量化技术是节能减排现实可行的重要途径。

3. 轻量化是新能源汽车的发展方向之一

汽车的轻量化设计，不仅能使油耗降低，更能促进综合性能的全面提升。研究表明，在市区的运行工况下，平均重量为1600kg的电动汽车如果减重20%，能量消耗可以减少15%。如果采用增加电池来增加行驶里程，成本往往会非常高。有关专家认为，在电池技术短期内难有重大突破的情况下，电动汽车迫切需要采用轻量化技术来降低重量，以减轻电池增重的压力。

汽车轻量化主要有三种方法，即结构优化设计、采用轻量化新材料和采用轻量化成形制造工艺，其中又以采用新材料和采用新工艺的效果最为显著。目前，在汽车中应用较多的轻量化材料包括铝合金、镁合金、碳纤维和先进高强度钢，其中碳纤维复合材料减重效果最佳，最高可减重70%。无论在传统燃油汽车或者节能与新能源汽车领域，都有足够的驱动力为汽车减重。目前，北汽、长安等新能源汽车企业正在做轻量化设计，整车方面包括车身轻量化、全新架构底盘轻量化、电池系统轻量化以及车身内外饰与电子电器等轻量化，材料方面包括复合材料及成形工艺、轻质铝合金及成形工艺、高强度钢及成形工艺、轻质镁合金及成形工艺等。未来新能源汽车轻量化的发展趋势是混合多材料设计。

💡 小知识

国家节能减排十大重点工程

（1）电机系统节能工程　更新改造低效电机，对大中型变工况电机系统进行调速改造，对电机系统被拖动设备进行节能改造。

（2）能量系统优化工程　对炼油、乙烯、合成氨、钢铁企业进行系统节能改造。

（3）建筑节能工程　新建建筑全面严格执行50%节能标准，4个直辖市和北方严寒、寒冷地区实施新建建筑节能65%的标准，并实行全过程严格监管。建设低能耗、超低能耗建筑以及可再生能源与建筑示范工程，对现有居住建筑和公共建筑进行城市级示范改造，推进新型墙体材料和节能建材产业化。

（4）绿色照明工程　以提高产品质量、降低生产成本、增强自主创新能力为主的节能灯生产线技术改造，高效照明产品推广应用。

（5）政府机构节能工程　既有建筑节能改造和综合电效改造，新建建筑节能评审和全过程监控，推行节能产品政府采购。

（6）节能监测和技术服务体系建设工程　省级节能监测（监察）中心节能监测仪器和设备更新改造，组织重点耗能企业能源审计等。

（7）燃煤工业锅炉（窑炉）改造工程　更新改造低效工业锅炉，建设区域锅炉专用煤集中配送加工中心；淘汰落后工业窑炉，对现有工业窑炉进行综合节能改造。

（8）区域热电联产工程　建设采暖供热为主热电联产和工业热电联产，分布式热电联产和热电冷联供，以及低热值燃料和秸秆等综合利用示范热电厂。

（9）余热余压利用工程　在钢铁、建材、化工等高耗能行业，改造和建设纯低温余热发电、压差发电、副产可燃气体和低热值气体回收利用等余热余压余能利用装置和设备。

（10）节约和替代石油工程　在电力、石油石化、建材、化工、交通运输等行业，实施节约和替代石油改造；发展煤炭液化石油产品、醇醚燃料代油以及生物质柴油。

1.2.3　汽车轻量化与安全性

安全是汽车轻量化后面临的主要问题之一。从概念上说，汽车安全性分为两个部分：一是主动安全技术，其意图是防止汽车发生事故，它们的特点是提高汽车行驶稳定性、操纵性和制动性能，尽力防止车祸发生，如防抱死制动系统（ABS）、电子制动力分配系统（EBD）、紧急制动辅助系统（EBA）、灯光随动转向系统（AFS）、高位制动灯、前后雾灯、后窗除雾等；二是被动安全技术，即事故发生后如何对驾乘人员进行保护，汽车被动安全系统可分为安全车身结构和驾乘人员保护系统，其中安全车身结构主要是为了减少一次碰撞带来的危害，而驾乘人员保护系统则是为了减少二次碰撞造成的驾乘人员伤害或避免二次碰撞。

汽车轻量化对于主动安全的影响是正面的，轻量化可以有效增加汽车的操纵稳定性，缩短制动距离，为紧急情况下采取主动安全措施提供更多的时间。国际铝业协会的研究结果表明：汽车的整备重量减小10%（也称减重10%），制动距离可减少5%，转向力减小6%。轻量化有利于提高汽车行驶稳定性，有利于驾驶人在汽车碰撞发生之前采取紧急措施来避免事故的发生。所以，轻量化汽车有利于各种主动安全控制措施的实施，汽车轻量化对主动安全是有利的。

美国通用汽车安全研究员列奥那多·伊凡斯（Leonard Evans）在对1975～1998年大量撞车事故造成的伤亡数据进行统计后得出结论，在两车正面相撞的条件下，驾乘人员死亡的比例 R（较重的车中死亡人数/较轻的车中死亡人数）与汽车的自身重量存在如下关系：$R=(m_2/m_1)^{3.58}$，其中 m_1、m_2 分别为较重的车、较轻的车的重量。可见，对于重量小于对方10%～20%的一方来说，其死亡人数为对方的1.41～1.92倍。由此可知，整备重量大的汽车，在两车发生碰撞时其安全性会占优势，如图1-5所示。

Leonard Evans 的研究表明，降低全社会的平均车重对于降低交通事故整体伤亡率有重要意义。对于质量差别较大的两车碰撞来说（如轿车和货车），重车在保护自身驾乘人员上虽然有一定优势，但会使整体道路净伤亡数量增加。这也从侧面反映了汽车轻量化的重要性，降低平均车重能有效减少发生道路交通事故时的净伤亡数，整车轻量化有利于整体交通安全性的提升。

Leonard Evans 的研究从定量上说明，轻量化对被动安全性的影响是负面的，较轻的汽车在发生两车碰撞时会增加危险的概率，但碰撞过程是一个能量传递和吸收的过程，整车轻量化在一定程度上对于保证或者提升碰撞安全性有更为重大的意义。因此，需要在结构设计、材料两方面开展工作，并通过工艺技术的提升来实现碰撞安全性的提升。汽车轻量化的前提是充分保证汽车产品使用安全，以牺牲安全性为代价来开展轻量化工作不是真正意义上

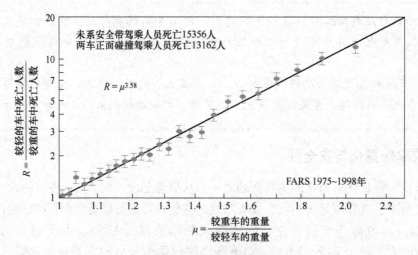

图 1-5　驾乘人员死亡的比例与汽车自重的关系

注：资料来自美国国家公路交通安全管理局事故报告分析。

的轻量化。就整车而言，决定整车安全系数更重要的是结构，是整车带有逐级吸能及抗变形能力的能量流传递结构优化设计。通过结构轻量化优化设计和高强度、轻质材料的使用，在一定程度上可以提升汽车的安全性。此外，在实际行驶过程中，提高安全意识、养成良好的驾驶习惯、遵守交通规则与维护正常的交通秩序对于保障驾乘人员安全显得更为重要。

所以，整车轻量化与安全性表面看似乎矛盾，实则没有矛盾，汽车不是越重就越安全，也不是越安全的汽车就越重。从全社会的角度来看，提高汽车安全性，同时减轻车重、降低油耗、减少排放是汽车产业发展的必然要求和趋势。

小知识

汽车轻量化有助于提升安全性

汽车碰撞安全性能并不能简单地通过车重来衡量，有人列举的坦克撞轿车的例子有失偏颇，但即便是坦克高速行驶时发生碰撞，内部人员同样也会受到巨大的伤害。对于该问题，其实要去追究汽车本身安全设计的碰撞吸能结构、高强度材料和受力载荷传递等内容是否优秀，碰撞后乘员舱的完整程度等，其实都与汽车重量的大小没有直接关系，国内外各大安全碰撞测试机构都有大量的数据来验证。有些人到现在还在根据钢板的厚度来判断汽车是否安全，那可真是典型的方向错误了。轻量化并不是简单地减重，而是汇聚了目前汽车工业最顶尖的制造科技和工艺，安全性一定能够得到更好的保证。而反过来在汽车制动方面，由于轻量化所致汽车重量降低，在相同速度减速时，减速系统所消耗的能量就会降低，相同的制动器条件下，制动效果就更好，制动距离也会缩短，制动性能则有明显的提升。因此，汽车在轻量化之后，主动安全性能反而会得到提升。

学习评价

1. 运用所学到的知识，对一台汽车进行简单的轻量化设计，并说明你的设计思路和

模块1　新能源汽车轻量化概述

理由。

2. 到实习车间了解汽车轻量化的具体应用。

> **学习讨论**
>
> 1. 请谈谈你对汽车轻量化的理解。
> 2. 汽车轻量化有哪些现实意义？
> 3. 如何理解汽车轻量化与安全性之间的"矛盾"关系。

1.3　国内外汽车轻量化发展现状介绍

学习目标：了解各国汽车轻量化的主要成就，熟悉我国汽车轻量化现状。

知识目标：1. 了解我国汽车轻量化发展现状。

2. 掌握各国汽车轻量化的主要成就。
3. 了解美国、欧盟、日本等国家和地区汽车轻量化的相关政策。
4. 了解部分国家和地区汽车轻量化研究计划。
5. 了解我国在汽车轻量化的过程中可借鉴的国际经验。

技能目标：明晰我国汽车轻量化技术总体路线图。

素养目标：正确认识汽车轻量化与节能之间的关系。

导入案例：

在刘老师和学生一起讨论汽车轻量化的过程中，张小雨同学问："当前车企、汽车零配件企业、材料企业等都越来越关注汽车轻量化，那么我国汽车轻量化产业目前发展状况如何？不同国家和地区在推动汽车轻量化过程中都采取了哪些政策？这些政策对于我们国家来说又有什么启示呢？"接下来让我们带着这些疑问，和张小雨一起去了解国内外汽车轻量化的相关情况。

案例分析：

此案例中我们需要掌握我国汽车轻量化现状、国外汽车轻量化发展的政策措施以及实现轻量化需要克服的困难，回答张小雨同学的问题。

1.3.1　我国汽车轻量化发展现状

我国汽车轻量化起步不足10年，但借助新能源汽车崛起契机，对发达国家呈现赶超之势。汽车轻量化已经从分散化、高端化、单一化的1.0时代走向集约化、普及化、多元化的2.0时代。轻量化的发展受到智能网联、节能减排、性能提升等多重需求牵引，通过全产业上下游深度合作，在轻量化材料应用、制造工艺、结构优化、零部件研发领域多面发力，使轻量化应用车型更加普及，其中新能源汽车细分市场将有望率先取得突破。

目前，我国汽车轻量化措施主要是对轻量化的结构设计和分析，以及轻质材料在汽车上的应用,包括铝、镁、高强度钢、复合材料、塑料等。在结构设计方面,一般是通过更优化的设计来减小车身骨架及车身钢板的质量,同时对车身强度和刚度进行校核,以确保汽车在满足性能的前提下减重。此外,运动化的结构也是减重的重要手段。比如采用轻量化的悬架,可以使结构更紧凑并且能够提升操控性能,或采取发动机后置后驱的方式,达到使整车局部变小,从而实现轻量化的目标。但现在我国自主品牌汽车轻量化技术手段较为单一,没有系统的轻量化技术,大部分停留在比较简单的零部件替换和轻质材料使用方面。同时,由于国产零部件和金属材料技术水平的限制,汽车减重幅度也比较有限。由此可见,车身轻量化技术的研发与应用势在必行。

为发展汽车轻量化技术,我国提出了汽车轻量化技术的发展规划。

1. 汽车轻量化技术的发展愿景

以《中国制造2025》重点领域技术为基础,规划我国汽车轻量化技术5~10年产业技术发展路径,提出我国汽车轻量化的发展愿景为:2030年,高强度钢、镁铝合金、碳纤维复合材料等轻量化材料要取得较大突破,轻量化多材料体系达到较好的应用水平,掌握先进的制造和连接工艺技术,拥有完善的零部件优化设计和结构,掌握材料、性能、成本一体化设计能力,大幅提升我国汽车轻量化技术水平,具有汽车轻量化整车产品和关键零部件自主开发和生产的能力,轻量化技术综合应用进入国际先进行列,由轻量化带动的节能减排效果显著呈现。

2. 汽车轻量化技术的发展目标

根据国家的油耗目标及国外主要汽车生产国家和典型汽车企业轻量化的目标,结合我国汽车轻量化技术水平现状,综合考虑材料、工艺与成本等因素,提出我国汽车轻量化技术的发展战略目标为:到2030年,我国汽车轻量化技术水平有较大幅度提高,基本掌握汽车轻量化的主要关键技术,具有汽车轻量化整车产品和关键零部件自主开发和生产能力,实现我国当年生产的乘用车和商用车产品的平均单车整备重量与2015年相比,均降低35%。我国汽车轻量化阶段目标见表1-1。

表1-1 我国汽车轻量化阶段目标

目标	2016~2020年	2021~2025年	2026~2030年
整车整备重量	降低10%	降低20%	降低30%
高强度钢	抗拉强度在600MPa以上的钢应用比例要达到50%	第三代汽车钢应用比例达到白车身重量的30%	抗拉强度在2000MPa以上的钢有一定比例的应用
铝合金	单车用量190kg	单车用量250kg	单车用量350kg
镁合金	单车用量15kg	单车用量25kg	单车用量45kg
碳纤维增强复合材料	碳纤维有一定的用量,成本比2015年下降50%	碳纤维使用量占车重2%,成本比上阶段下降50%	碳纤维使用量占车重5%,成本比上阶段下降50%

3. 汽车轻量化技术总体路线图

通过调研国内主要整车企业、零部件企业和材料企业轻量化技术发展需求情况,根据我国目前轻量化技术水平和自主品牌汽车应用轻量化技术的现状,借鉴汽车工业发达国家和地区的经验,制订了中国汽车产业轻量化技术路线图,见表1-2。

表1-2 汽车产业轻量化技术路线图

项 目	近期（2016~2020年）	中期（2021~2025年）	远期（2026~2030年）
总目标	整车重量在2015年基础上降低10%	整车重量在2015年基础上降低20%	整车重量在2015年基础上降低30%
高强度钢	抗拉强度在600MPa以上的先进高强度钢应用比例要达到50%以上	第三代汽车钢应用比例要达到30%以上	抗拉强度在2000MPa以上的钢有一定比例应用，密度下降5%，模量增加10%
铝合金	发展5×××系和6×××系高成型性铝合金，单车用铝量达到190kg	发展6×××系和7×××系高成型性铝合金，成本下降25%，单车用铝量达到250kg	研究铝合金循环利用技术，成本下降30%，单车用铝量达到350kg
镁合金	力学性能提高50%，单车用镁合金量达到15kg	力学性能提高80%，单车用镁合金量达到25kg	力学性能提高100%，成本与铝相当，单车用镁合金量达到45kg
复合材料	碳纤维有一定的用量，成本比2015年下降50%	碳纤维使用量占车重2%，成本在2020年基础上下降50%	碳纤维使用量占车重5%，成本在2025年基础上下降50%
重点产品	钢铝混合车身、铝合金后副车架、铝合金四门两盖、铝合金离合器壳体、塑料翼子板和制动踏板、高强度钢车身和大梁板、重载铝合金车轮	钢铝混合车身、全铝客车车身骨架、铝合金后副车架、全铝乘用车车身、全铝商用车车身、无缸套铝合金缸体、高盖集成排气歧管结构、塑料门模块、薄壁铸造铝合金减振塔、车门内板、碳纤维发动机罩盖、镁合金内饰门板、铝合金离合器壳体	碳纤维混合车身、碳纤维座椅、碳纤维行李舱盖、碳纤维后防撞梁、碳纤维传动轴、锻造镁合金车轮、集成化制动系统
材料工艺	高强度钢温成形技术、重铝合金真空压铸、覆盖件成形技术、镁合金产品的替代设计、钢-铝连接技术、钢-塑连接技术、镁-钢连接技术	高强度钢内高压成形技术、超高强度钢变截面辊压成形技术、铝合金板材制备技术及拼焊技术、温成形技术、液态模锻技术、大型薄壁复杂形状镁合金铸造技术、复合材料在线注塑、模压技术	镁合金及复合材料循环再利用技术、复杂零部件精密成形技术、变形镁合金成形技术、复合材料集成一体化成形技术、复合材料与其他材料零部件连接技术
优化设计	白车身参数化和多目标协同优化设计、碰撞载荷传递路径和能量流设计、轻合金构件的拓扑优化设计	零部件结构-材料-性能一体化设计与性能评价、疲劳承载构件的轻量化设计准则、材料本构关系模型建立及疲劳载荷提取与优化	连续纤维增强复合材料复杂零部件铺层设计、数值分析、性能预测与仿真评价、材料-结构-性能-成本一体化多目标优化设计
试验评价	碰撞载荷承载构件的试验评价方法、车身各种接头结构的刚性测试与评价方法、复合材料评价技术规范、复合材料应力-应变关系静动态试验与表征	模块化零部件的试验评价方法、铝合金四门两盖测试评价方法、商用车相关轻量化试验测试方法、复合材料快速无损检测方法	异种材料连接结构刚性测试与评价方法、各种材料典型零件功能测试与评价方法、复合材料零部件性能试验与评价方法

近期（2016~2020年）为第一阶段，重点发展超高强度钢和先进高强度钢技术，包括材料性能开发、轻量化设计方法、成形技术、焊接工艺和测试评价方法等，实现高强度钢在汽车上的应用比例达到50%以上。

中期（2021~2025年）为第二阶段，以第三代汽车钢和铝合金技术为主线，实现钢铝混合车身、全铝车身的大范围应用，实现铝合金覆盖件和铝合金零部件的批量生产与产业化应用，同时加大对镁合金和碳纤维技术的研究开发，增加镁合金和碳纤维零部件的应用比例。

远期（2026~2030年）为第三阶段，重点发展镁合金和碳纤维复合材料技术，解决镁合金及复合材料循环再利用问题，实现碳纤维复合材料混合车身及碳纤维零部件的大范围应用，突破复杂零件成形技术和异种零件连接技术。

1.3.2　国外汽车轻量化发展现状

1. 部分国家和地区相关政策介绍

（1）政策措施　影响汽车轻量化的政策主要体现在节能降耗的政策法规上，包括制订实施汽车燃油经济性控制体系的法规及有关标准，提出各类汽车分阶段的燃油消耗限值，制订汽车燃油经济性申报制度、汽车燃油消耗量标示制度及燃油消耗量公布制度等，另外还包括制订对汽车燃油消耗量相关的奖惩政策等，如燃油税、财政激励和研发项目资金资助等。部分国家及地区实施的汽车油耗控制方案如表1-3所示。

表1-3　部分国家及地区实施的汽车油耗控制方案

提高燃油经济性方案		措施、形式	国家及地区
技术标准	燃油经济性标准	每升行驶的里程，百千米油耗	美国、日本、加拿大、韩国、中国
	温室气体排放标准	每千米排放的克数	欧盟、美国加州
财政税收政策	高额燃油税	燃油税比原油基价高50%	欧盟、日本
	重量税	根据车型重量不同按比例收税	日本
	财政补贴	基于发动机尺寸、效率、CO_2的排放实施税务减免	欧盟、日本

为了推动汽车轻量化的发展，各国从技术手段和税收机制两方面制定了不同政策，也为我国汽车轻量化的发展提供了可借鉴的经验。

首先，以美国为例。美国是世界上第一个制订汽车油耗的国家，1975年美国国会通过了能源节约法案。在该法案中，提出了要提高车辆效率，并为小轿车和轻型货车建立了企业平均燃油经济性（Corporate Average Fuel Economy，CAFE）标准，即每个制造厂每年销售的各型轿车或轻型货车，以其所占总销售量的百分比作为加权系数，乘以该型车辆的油耗，再将各车型的加权油耗加起来，得到该厂的总平均油耗值，此值应满足法规限值的要求。美国采用自我认证制度实施汽车的燃油经济性法规，即每种车型的认证试验都由制造厂自己进行，然后将试验结果报环保局（EPA），再由EPA报运输部进行管理。EPA有权对试验结果进行复查，判断合格与否（以复查数据为准）。如果企业想大量造车多赚钱，就必须生产小排量车和新能源车。

为了确保经济性标准有效实施,美国政府采用了一系列措施:一是未达标的汽车生产厂必须缴纳罚金,每超标 0.1mile(英里,1mile≈1609.344m),每部车缴纳罚款 5 美元;二是对购买未达到最低燃油经济性标准的汽车用户征收耗油税;三是政府公布各种汽车的燃油效率信息。为此,各大汽车制造商积极研发新技术,不断推出节能车。在此基础上,美国还在消费税、使用税及惩罚性税收措施等方面采取不同措施促进汽车轻量化的发展。

其次,从欧盟来看。欧盟控制汽车油耗的思路与美国有很大差异,主要是通过控制发动机 CO_2 排放达到控制油耗的目的。截至目前,欧盟还没有颁布任何一部强制性油耗法规或标准。1980 年,EEC(欧洲经济共同体,即欧洲联盟前身)颁布了关于燃油消耗的指令 80/1268/EEC,并进行了三次修订,现在的全称为《机动车 CO_2 排放物和燃油消耗量》,涉及车辆系统、部件以及单个技术总成,是评价所有汽车燃料消耗量法规的基础,但 80/1268/EEC 号指令适用于 M1 类乘用车,对客车和货车无要求。有关乘用车的 CO_2 排放法规由欧洲议会和理事会在 2009 年 4 月 23 日正式颁布。该法规规定,到 2015 年时,汽车制造商在欧盟新注册车辆的 CO_2 排放量应达到不超过 130g/km 的目标。而根据欧盟环保新规的规定,从 2020 年 1 月份开始,新车的最高碳排放量应控制在 95g/km 以内。尺寸大的车型可稍微超过这个限制。每家汽车制造商在当年可把排放量最高的 5% 车辆排除在外。但从 2021 年开始,欧盟会严格执行新规要求,每超出 1g,需要为新车缴纳 95 欧元的罚款。2030 年,欧盟新车碳排放标准将降低到 59g/km。

欧盟有近 20 个成员国为发展低碳汽车提供财政政策保障,部分国家还根据最新形势调整了相关政策,庞大的财政政策体系将继续为欧洲低碳汽车保驾护航。大多数欧盟国家对汽车征收多种税费,这些税费有一个共同特点,即等级分明——以汽车 CO_2 等有害气体的排放量为依据,征收不同税率的税费。对于购买不同尾气排放水平新车的消费者,得到的政府补贴也不尽相同。

最后,从日本来看。汽车工业一直是日本国民经济的支柱产业,日本政府为汽油型和柴油型的轻型乘用车和商用车制定了一系列燃油经济性标准,标准限值基于按重量分类的平均燃油经济性。同时,在财税政策上实施汽车重量税,对汽车轻量化产业发展有直接推动作用。根据规定,日本的车主购车后,要按期缴纳汽车重量税,就是根据汽车重量征收的税种,税费与车体重量和排气量大小有关,汽车越重,对路面的伤害就越大,因此要缴纳的税费就越多。日本还制定了一系列的奖惩措施,如在实施汽车产品认证制度时,要求制造商申报认证车辆的燃油经济性水平,由国土交通省对申请值进行审查和认可。针对达不到法规要求的企业采取劝告、公布企业名单、罚款等惩罚措施,以支持汽车轻量化。

(2)主要特点 从国外汽车节能和轻量化政策实践及其发展历程可以发现,这些政策措施具有以下一些特点:

1)技术标准是带动轻量化技术发展的原动力。相对于法律法规和政企协议等方式而言,技术标准兼有灵活性、约束性和行业自律性三重特点。根据汽车燃油效率现状的统计结果,考虑汽车新技术的发展趋势,提出各类汽车分阶段燃油消耗限值。同时,制订统一的汽车燃油消耗量试验方法标准,并制订配套措施,主要包括汽车燃油经济性申报制度、汽车燃油消耗量标示制度和燃油消耗量实测公布制度。通过技术标准的制订,强制要求汽车制造商提高汽车燃油经济性。

2）法律法规是整体政策实施的前提与保证。为增强对节能减排的法律约束，世界各国纷纷颁布或修订相关法律法规，无论发达的市场化国家还是发展中国家，均制定了各级各类以促进节能产业发展为目标的法律、法规和法令。这不仅是强制实施相关规划与政策的基础依据与保障，还能够逐步使人们养成开发利用新能源和节能的意识。

3）财政政策引导消费者购买节能轻量化产品。财政政策已成为许多国家撬动低碳汽车市场增长的杠杆。制订针对燃油经济性的奖惩政策，对达不到标准要求的企业采取惩罚措施，对达到燃油经济性限值要求的汽车制造商和购买此类汽车的消费者采取鼓励政策，有利于促进节能和轻量化汽车技术的发展。

4）政府的研发项目支持促进了轻量化技术发展。由于涉及行业广泛、研发项目费用高、收益短期无法显现，没有政府和公众的全面支持，节能和轻量化技术就没有市场竞争力，且仅仅局限在某几个汽车企业身上难以实现，需要在整个汽车行业、上下游产业链上整体推进节能和轻量化。

5）管理制度创新为节能政策推广奠定了基础。国外在管理政策上建立了包括政府、企业及其他第三方中介机构在内的管理体系，随时把握节能产业的运行状态并及时调整。

2. 国外汽车轻量化推动模式总结

1）充分发挥政府科技计划、公共研发机构的引领和平台支撑作用。轻量化技术涉及多个领域，技术难度大，研发成本高，商业化过程复杂，单个企业或研究机构很难独立承担相关的投资成本和风险。整合优质资源、促进多方参与的集成，比单独支持多个主体各自分散地开展研发的组织方式更具优势。政府科技计划的组织运行模式，体现了对产业技术先导领域的引领作用，以及对行业公共研发机构平台建设的重要性。

2）联盟模式、完善的内部管理结构是推动轻量化发展的重要途径。产业技术联盟的有效运转，需要配合合理、高效的联盟内部组织管理和利益分享机制。成功的产业技术联盟，必须有清晰的战略部署，以及与目标实现相匹配的管理措施。美国、日本相关汽车产业技术联盟的组织运行模式，明确了联盟成员在管理决策、研究开发、公共联系、知识产权等方面的责任和义务，提高合作创新的效率和活力，实现联盟的可持续发展。

3）整车企业牵头，零部件供应商积极参与创新，实现轻量化技术产业化。为了缩短开发周期、降低开发成本，整车制造企业逐渐将研发精力集中在发动机等核心技术上，零部件研发工作越来越多地由零部件供应商承担。整车制造商通过与零部件供应商的协作，减少了研发的重复劳动，降低了成本，缩短了产品开发周期，促进了零部件的质量提升和标准化。

> **小知识**
>
> **PNGV 计划调整重组**
>
> 1993 年克林顿政府所设立的 PNGV 计划主要强调使开发的 EV/HEV 比 1994 年车型的燃油经济性提高 3 倍，预测到 2004 年各种原型车将产生，而且所开发的新技术将应用到 EV/HEV 车辆设计中，4 年后将会生产更高效率的 HEV。然而，基于下列原因，美国国家研究委员会建议重组 PNGV 计划：
>
> 1）运动型实用汽车（Sports Utility Vehicle，SUV）市场占有率增加，而经济型车（小车）市场占有率缩小。

2）HEV 研发取得很大进步。

3）所有汽车制造商宣布将在今后几年批量生产 HEV。

4）PNGV 计划中开发的新技术（例如轻型材料）已经应用到目前常规车辆中。

5）世界上许多类似的 PNGV 计划也在进行，同时也取得了很多成果。

6）某些经济实用的 HEV 能与常规燃油汽车从价格到性能上展开竞争，但大批量生产 HEV 还有困难。

FreedomCAR 计划

布什政府于 2002 年 9 月制定了新的国家及私营合作的研究发展项目"FreedomCAR"来取代 PNGV 计划。新的研究发展计划集中于燃料电池汽车的研究，不同于 PNGV 计划的重点还有柴油混合动力汽车的研究，不仅面向中型私家轿车，而且面向所有轿车和轻型货车。FreedomCAR 计划由美国能源部领导，由汽车制造者协会协调，而不像 PNGV 计划由七个政府部门参加，最大的不同是燃料供应商参与了 FreedomCAR 计划。FreedomCAR 计划将集中于风险较高的实用技术研究，利用美国国内可再生能源制造氢燃料电池，其使用以不损害汽车使用的自由、不损害选择汽车的自由、不增加使用的成本为目的。在不使用国外燃油的前提下，研究可支付使用费用的和没有排放污染的全功能轿车和货车，同时不损害安全性、灵活性和汽车选购的自主性。

学习评价：

1. 了解美国政府出台轻量化计划的背景及取得的成就，和同学们讨论这些计划、措施对汽车工业产生的影响。

2. 通过自己的途径查询我国在汽车轻量化的过程中出台过哪些相关的计划和政策。

学习讨论

1. 请你说一说实现汽车轻量化过程中政府要有哪些行为。

2. 请谈谈汽车轻量化实施过程中应该要有哪些计划。

模块 2
高强度钢在汽车轻量化中的应用

🔖 **学习指南**

通过本模块的学习,让学生了解高强度钢的定义、分类与特点,高强度钢的发展趋势,高强度钢在汽车上的应用,汽车用高强度钢使用和发展面临的挑战。目前,我国是世界上最大的钢铁生产大国,但是,实现汽车轻量化所要的高强度钢,大部分靠进口。在其他工业领域中,高强度钢在生产和发展的过程中取得了很大的突破。

本模块学习的重点是让学生了解汽车工业对冷轧钢板性能的要求及汽车用高强度钢使用和发展面临的挑战。

📝 **学习建议**

可用资源	☑PPT ☑视频讲座 ☑培训频道
	☐专家讲座 ☐其他
学习方法	听讲、观察、实操、现场考评、课堂讨论

2.1 高强度钢的分类及特点

学习目标:通过本单元的学习,让学生了解高强度钢的发展趋势,高强度钢的定义、分类与特点,高强度钢在汽车上的应用。

知识目标:1. 了解高强度钢的定义及分类方法、发展趋势。
2. 认识高强度钢在汽车轻量化方面的重要性。

技能目标:1. 了解高强度钢的发展趋势。
2. 熟悉高强度钢的定义和分类。
3. 能说出高强度钢在汽车轻量化中的优势。

素养目标:加强学生对汽车轻量化方面的深入认识,正确认识高强度钢在汽车轻量化中的优势。

导入案例:
　　张先生想购买一辆车身轻便、安全、省油的汽车,他想了解一下,目前有关汽车生产厂家是如何采用新材料、新工艺来制造汽车的,这些用新型材料做出来的车辆在节能、安全性能方面又如何。接下来让我们带着这些疑问,和张先生一起去了解高强度钢在汽车制造中的应用现状。

案例分析:

此案例中,我们需要掌握高强度钢的特性,了解高强度钢的定义、分类,从高强度钢材料的性能特点、汽车结构要求、安全要求方面回答张先生的问题。

一百多年来,钢铁一直是汽车工业的基础,虽然现在塑料和铝合金、镁合金在汽车制造中的用量不断增加,但钢铁材料仍是汽车用材的主体。选择低厚度的高强度钢板取代传统的低强度钢板是汽车轻量化的一个有效方法。与铝合金、镁合金和复合材料相比较,高强度钢板的原材料和制造成本较低,使其在汽车新材料的应用中更加具有竞争力。

(1)高强度钢的定义及分类 对于高强度钢和超高强度钢,目前并没有一个统一的定义。有人认为抗拉强度超过 340MPa 的称为高强度钢。瑞典将钢的强度级别分为普通强度钢、高强度钢和超高强度钢。

高强度钢一般有两个分类依据:屈服强度(Yield Strength,YS)和抗拉强度(Tensile Strength,TS)。高强度钢的分类方法和依据见表 2-1。

表 2-1 高强度钢的分类方法和依据

分类依据	低强度钢	高强度钢	超高强度钢	数据来源
屈服强度/MPa	≤210	>210 且 <550	≥550	超轻钢制汽车车身-先进汽车概念(ULSAB-AVC)项目提供
抗拉强度/MPa	≤270	>270 且 <700	≥700	
屈服强度/MPa	≤220	≥220	—	浦项制铁公司(POSCO)提供
抗拉强度/MPa	≤340	≥340	—	

注:在具体数值上也没有必要进行非常严格的量化,强度的界限仅仅作为一个参考。

ULSAB-AVC(Ultra Light Steel Auto Body-Advance Vehicle Concept)认为对钢种分类的规范化非常重要,按习惯定义屈服强度和抗拉强度,将钢种标记为 X a/b,其中 X 为钢种类型,a 为最低屈服强度(单位为 MPa),b 为最低抗拉强度(单位为 MPa)。钢种的细分如下:

传统钢种:低碳钢、无间隙原子钢、各向同性钢、烘烤硬化钢、碳锰钢、低合金高强度钢。

先进高强度钢种:双相钢、复相钢、相变诱导塑性钢、马氏体钢。

例如,钢种 DP500/800 是指双相钢,其最低屈服强度为 500MPa,最低抗拉强度为 800MPa。按照 ULSAB-AVC 所采用的术语,将屈服强度为 210~550MPa 的钢定义为高强度钢,将屈服强度≥550MPa 的钢定义为超高强度钢,而先进高强度钢的屈服强度覆盖了高强度钢和超高强度钢。图 2-1 所示钢的分类情况及其屈服强度和延伸率之间的关系。

(2)高强度钢的特点 高强度钢与其他汽车轻量化的候选材料镁合金、铝合金和复合材料相比,具有以下优点:

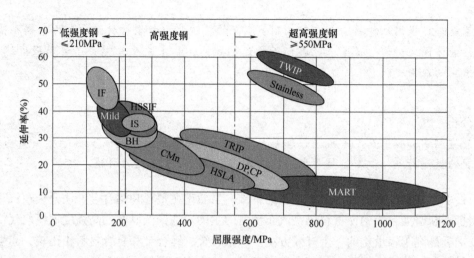

图2-1 钢的分类情况及其屈服强度和延伸率之间的关系

IF—无间隙原子钢　Mild—低碳铝镇静钢　HSSIF—高强度无间隙原子钢　BH—烘烤硬化钢　IS—各向同性钢
CMn—碳锰钢　HSLA—高强度低合金钢　DP—双相钢　CP—复相钢　TRIP—相变诱导塑性钢
MART—马氏体钢　TWIP—孪晶诱导塑性钢　Stainless—不锈钢

1）原材料价格低，经济性好。

2）性能优越，能保证零件的刚性。

3）可以直接利用现有的（冲压）成形、焊接、涂装和总装生产线，大大节约了设备投资成本。

高强度钢与普通高强度钢相比具有如下特点：

1）成形性能好。

2）高的烘烤硬化性能。

3）能量吸收率较高。

4）高的疲劳强度和长的疲劳寿命。

5）高的防撞和抗凹性能。

尽管高强度钢有上述诸多优点，但在其使用过程中也存在一定的瓶颈问题：一是由于屈服强度高，增加了塑性变形的不均匀性，冲压成形性差，起皱、开裂、塑性变形不足等缺陷更难解决；二是由于高强度钢的屈服强度高，致使高强度钢的冲压回弹量加大，使零件的成形精度更加难以控制。有效解决这两个瓶颈问题的方法：一是传统的基于经验、类比的试冲和试做的方法；二是基于冲压仿真技术的高强度钢冲压成形性改进和成形精度控制方法，由于其反应快速和成本低日益成为板成形领域的研究热点。

> 💡 **小知识**
>
> **屈服强度**
>
> 屈服强度是金属材料发生屈服现象时的屈服极限，也就是抵抗微量塑性变形的应力。对于无明显屈服现象出现的金属材料，规定以产生0.2%残余变形的应力值作为其屈服极限，称为条件屈服极限或屈服强度。大于屈服强度的外力作用，将会使零件产生永久变

形，无法恢复。如低碳钢的屈服强度为207MPa，在大于此极限值的外力作用下，零件将会产生永久变形；外力小于此极限值时，零件还会恢复原来的样子。

抗拉强度

抗拉强度是金属由均匀塑性变形向局部集中塑性变形过渡的临界值，也是金属在静拉伸条件下的最大承载能力。抗拉强度即表征材料最大均匀塑性变形的抗力，拉伸试样在承受最大拉应力之前，变形是均匀一致的，但超出之后，金属开始出现缩颈现象，即产生集中变形；对于没有（或很小）均匀塑性变形的脆性材料，它反映了材料的断裂抗力。抗拉强度符号为 R_m（GB/T 228.1—2010《金属材料 拉伸试验 第1部分：室温试验方法》规定），单位为MPa。

学习评价：

一、根据所学知识填表

表2-2 高强度钢的分类与特点

分类依据	低强度钢	高强度钢	超高强度钢
屈服强度/MPa			
抗拉强度/MPa			
高强度钢与镁合金、铝合金和复合材料相比具有的优点			
高强度钢与普通高强度钢相比具有的特点			

二、实践活动

1. 运用所学到的知识，对一台汽车各部位进行简单的分类，分析各部位都用到哪些金属材料，其材料特点是什么。
2. 到实习车间了解汽车哪些部位可以进行轻量化设计，其要求是什么。

学习讨论

1. 汽车进行轻量化设计要达到哪些要求？
2. 汽车进行轻量化量产要达到哪些要求？

2.2 高强度钢在汽车上的应用

学习目标：通过本单元的学习，让学生了解高强度钢在不同国家、地区的发展应用，以及高强度钢在汽车上的应用趋势。

知识目标：1. 了解高强度钢在不同国家、地区的发展应用。
            2. 掌握高强度钢在汽车上的应用趋势方面的知识。
素养目标：加强学生对汽车轻量化方面的深入认识，正确认识高强度钢在汽车轻量化中的应用趋势。

导入案例：
　　李小姐想购买一辆车身轻便、安全、省油的汽车，她想了解一下，目前有关汽车生产厂家是采用什么材料、工艺来制造汽车的，对于用新型材料造出来的车辆在节能、安全性能方面又如何。接下来让我们带着这些疑问，和李小姐一起去了解高强度钢在汽车制造中的应用趋势。

案例分析：
　　此案例中，我们需要掌握高强度钢应用方面的知识，了解高强度钢在不同国家、地区的发展应用情况，从高强度钢在汽车上的应用趋势、汽车结构要求、安全要求等方面回答李小姐的问题。

　　随着钢铁工业的发展，汽车用先进高强度钢的生产和应用强度级别不断提高。目前，汽车用先进高强度钢的主流应用品种、强度级别和可商业供货的最高强度如图2-2所示。其中，双相钢是白车身用钢量最大的钢种。目前，1200MPa级以下的钢质汽车零部件主要使用冷成形方式生产，而1500MPa级以上通常采用热成形的加工方式。高强度钢的生产能力及技术储备为汽车轻量化提供了更多的潜力。

钢种	应用强度级别/MPa	最高强度级别/MPa
双相钢	780	1180
复相钢	980	1180

图2-2　先进高强度钢的使用情况

　　在汽车用先进高强度钢应用方面，以长城汽车使用高强度钢的情况来分析。如图2-3所示，高强度汽车钢、热成形钢的使用比例逐年增加，到2017年，高强度钢比例达到68%，600MPa级以上的钢使用比例占35%，热成形钢比例达到11%，高强度钢的使用提高了轻量化水平和汽车碰撞安全性。

年份	2014年	2015年	2016年	2017年
车型	H2	H6	H7	CHB071
高强度钢比例(%)	62	65	70	68

图2-3　长城汽车使用先进高强度钢情况

　　中国自主品牌汽车与合资品牌使用高强度钢在强度级别和品质方面存在差距。宝武钢铁集团统计数据表明，在强度级别不低于780MPa的汽车用高强度钢中，自主品牌与合资品牌汽车消费所占比例分别为24%和76%。在合资品牌汽车中使用980MPa级和780MPa级汽车用高强度钢的比例分别为48%和52%，而自主品牌汽车使用的比例分别为27%和73%。另外，合资品牌汽车使用镀锌板和冷轧板的比例分别为44%和56%，自主品牌汽车使用的比例分别为12%和88%。可见，相对于合资品牌，自主品牌汽车的高强度钢使用比例、强度级别和镀锌板使用比例相对较低，仍有较大的发展空间。

为实现汽车轻量化，很多国家都制定了汽车轻量化技术路径，发展超高强度钢及先进成形工艺成为主要发展趋势。如美国提出2025年和2030年分别完成1500~2000MPa和2500~3000MPa级低密度高模量汽车用钢的开发，日本着重发展高延性钢、高冲压性能钢及冲压技术，英国提出了通过超高强度钢、液压成形、热成形实现汽车小幅轻量化的目标，中国也提出了发展超高强度第三代汽车用钢及应用2000MPa超高强度钢的发展目标。未来，汽车用钢的发展和使用将朝更高强度方向发展。从汽车厂角度来讲，除了需要加大超高强度钢的应用比例以适应车身轻量化及高安全性的发展要求，材料还要具有优异的加工性和连接性，以及多材料匹配应用的特性，在满足性能要求的情况下应具备高性价比，可实现材料及部件的低能耗生产及回收，实现全生命周期绿色供应链体系。

（1）高强度钢在日本汽车上的应用　在日本，高强度钢的使用率越来越高。最早应用于车身覆盖件，然后才用到内部零件和结构件上。目前，日本悬架结构件和支撑件的抗拉强度已达800~1000MPa。抗拉强度为410MPa的高强度钢多用于内部件。日本长野株式会社开发了汽车外壳用45kg级高强度钢，已在新车型上采用。该钢种是通过钢结晶微细化获得高强度的。日本川崎制钢公司最近开发了抗拉强度为980MPa级的高强度钢CHLY980。该公司对提高延伸率的金相组织进行了研究，通过优化钢的成分、热轧和退火工艺，生产出硬质低温相变组织为第二相、铁素体为主相的复合组织钢，目前已应用于挡泥板、冲击梁等高安全性要求的零件。日本神户制钢公司开发了双相组织的590~780MPa级合金化热镀锌钢和590MPa级残留奥氏体钢。

（2）高强度钢在欧洲汽车上的应用　在欧洲，高强度钢也得到广泛的应用。德国的欧宝（Opel）、大众（Volkswagen）、宝马（BMW）及法国的标致（Peugeot）等汽车厂家的产品都不同程度地用上了高强度钢。

瑞典的沃尔沃公司（VOLVO）围绕高强度钢的研发也在不断地进行中，图2-4为某款VOLVO汽车的材料构成示意图。瑞典钢铁集团（SSAB）开发出铁素体+马氏体组织的特高强度冷轧薄钢，其屈服强度达到700MPa。

（3）高强度钢在北美汽车上的应用　目前，北美汽车工业和钢铁产业正在积极推进高强度钢和超高强度钢的研究与应用，并在ULSAB的基础上，积极推进ULSAB—AVC计划，成为与铝、镁轻金属合金分庭抗争的一大亮点。近几年，在美国新一代汽车合作伙伴（PNGV）计划的驱动下，高强度钢在北美汽车用钢中得到迅速发展。高强度钢的应用比例已由1997年的6%上升到2002年的45%。2019年，在福特的新一代福克斯白车身上，高强度钢重量占整车重量的比例达到了63%；强度大于或等于600MPa的超高强度钢重量占整车重量的比例达到了37.67%，其中33%的钢材是强度大于1300MPa的硼钢。北美汽车零部件用钢的情况见表2-3。

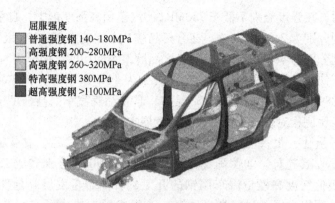

图 2-4 某款 VOLVO 汽车的材料构成示意图

表 2-3 北美汽车零部件用钢的情况

使用位置	钢的种类
外护板类	高强度烘烤硬化钢、双向烘烤硬化钢
内护板类	烘烤硬化钢
结构类	高强度烘烤硬化钢、DP500/600、DP780/800、DP900/1000、TRIP600-800、CP800-1000

（4）高强度钢在我国汽车上的应用　随着国外轿车车身零件上的高强度钢应用量日益增加，我国轿车车身零件应用高强度钢的数量也呈现上升趋势。为了适应这种趋势，近年来宝钢自主开发了一批高强度钢，三期工程又引进了一批高强度钢品种，除双相钢、相变诱发塑性钢等外，品种已相对比较齐全。上海大众的 Polo、一汽海南的普利马、深圳的风神、重庆的长安铃木以及天津的丰田等汽车上一些零件也在应用高强度钢。从这些车型的情况看，高强度钢应用在外覆盖件和内板件的梁、立柱、加强件等零部件上。根据目前国内外汽车高强度钢的现状，总结各类高强度钢在汽车上的应用情况见表 2-4。

表 2-4 高强度钢在汽车上的应用情况

钢的种类	使用位置
相变诱导塑性钢	保险杠加强筋、车门防撞梁、立柱加强板、前顶梁等
烘烤硬化钢	顶盖、前翼子板、车门、发动机罩内板、行李舱盖内板、后翼子板等
加磷高强度钢	车身覆盖件、前翼子板等
低合金高强度沉淀强化钢	轮辐、轮辋等
双相钢	保险杠、车轮、车底十字构件、防撞加强构件、车门外板、前翼构件、后侧外部构件、悬架构件、车顶横梁、侧围加强构件、立柱等

为满足减轻车体重量和提高冲撞安全性能的需要，扩大高强度钢的使用范围无疑是最佳的方法之一。由于先进高强度钢在强度、耐蚀性方面具有一定的优越性，随着先进高强度钢应用技术的进一步成熟，其必将有利于进一步提高汽车的安全性、环保性及节能性。因此，先进高强度钢将会在部分汽车零部件应用上有着比铝、镁合金等更大的优势。

汽车用材料的研究工作的方向也将围绕"更安全、更节能、更环保"的造车理念展开。高强度钢的使用将在提高整车安全性能、降低能耗和排放等方面有重要的意义。此外，随着汽车规模的发展壮大，汽车结构将趋于合理，中、高级轿车的比例将进一步增加，高强度钢的应用比例也将进一步提高。因此，汽车制造企业需加大对高强钢应用开发的投入，积极联合高校和科研机构、原材料厂商和零部件厂商，共同开发新材料，产生联锁效应，有利于集中力量攻克难关，节约开发成本，提升必要的技术储备，提高产品的市场竞争力。

小知识

刚度

刚度是指材料或结构在受力时抵抗弹力变形的能力。刚度与物体的材料性质、几何形状、边界支持情况以及外力作用形式有关。材料的弹性模量和切变模量越大，则刚度越大。细杆和薄板在受侧向外力作用时刚度很小，但细杆和薄板如果组合得当，边界支持合理，使杆只承受轴向力，板只承受平面内的力，则它们也能具有较大的刚度。在自然界，动物和植物都需要有足够的刚度以维持其外形。在工程上，有些机械、桥梁、建筑物、飞行器和舰船就因为结构刚度不够而出现失稳或在流场中发生颤振等灾难性事故。

硬度

材料局部抵抗硬物压入其表面的能力称为硬度，它是物理学专业术语。固体对外界物体入侵的局部抵抗能力，是比较各种材料软硬的指标。由于规定了不同的测试方法，所以有不同的硬度标准。各种硬度标准的力学含义不同，相互不能直接换算，但可通过试验加以对比。

划痕硬度

划痕硬度是莫氏硬度的测量方法，主要用于比较不同矿物的软硬程度，方法是选一根一端硬一端软的棒，将被测材料沿棒划过，根据出现划痕的位置确定被测材料的软硬。定性地说，硬物体划出的划痕长，软物体划出的划痕短。

压入硬度

压入硬度用来反映一种物质抵抗变形的能力，主要用于金属材料，方法是用一定的载荷将规定的压头压入被测材料，以材料表面局部塑性变形的大小比较被测材料的软硬。

回跳硬度

回跳硬度主要用于金属材料，方法是使一个特制的小锤从一定高度自由下落冲击被测材料的试样，并以试样在冲击过程中储存（继而释放）应变能的多少（通过小锤的回跳高度测定）确定材料的硬度。

学习评价

一、根据所学知识填写表格（表2-5）

表2-5 高强度钢的使用位置或种类

序号	高强度钢的使用位置	高强度钢的种类
1	外护板类	

（续）

序号	高强度钢的使用位置	高强度钢的种类
2	内护板类	
3		相变诱导塑性钢
4		烘烤硬化钢
5		加磷高强度钢
6		低合金高强度沉淀强化钢
7		双相钢
自我评价		
掌握情况		

二、实践活动

1. 根据所学到的知识，对汽车应用了高强度钢的零部件进行分类并找到安装位置，和同学们讨论检修这些零部件时的流程和注意事项。

2. 到实习车间认知不同类型材料在汽车上的应用。

学习讨论

1. 请你说一说为什么高强度钢能在汽车上大量使用。
2. 请讨论在汽车上应用高强度钢能保证安全吗。
3. 大家谈一谈高强度钢在汽车上的应用现状和将来的发展情况。

2.3 汽车用高强度钢板的发展现状和趋势

学习目标：通过本单元的学习，让学生了解汽车工业对冷轧钢板性能的要求，以及汽车用高强度冷轧钢板的发展趋势。

模块2　高强度钢在汽车轻量化中的应用

知识目标：1. 了解汽车工业对冷轧钢板性能的要求和冷轧钢板的成形性能。
　　　　　2. 掌握汽车用高强度冷轧钢板的发展趋势。
技能目标：掌握汽车工业对冷轧钢板性能的要求和冷轧钢板的成形性能。
素养目标：正确认识汽车工业对冷轧钢板性能的要求和冷轧钢板的成形性能、高强度冷轧钢板的发展趋势及其对汽车轻量化的影响。

导入案例：
　　李先生想购买一辆车身轻便、安全、省油的汽车，他想了解一下，目前有关汽车生产厂家是采用什么材料制造汽车的，这些用高强度冷轧钢板做出来的车辆在节能、油耗、安全性能方面表现如何。接下来让我们带着这些疑问，和李先生一起去了解汽车用高强度冷轧钢板在汽车制造过程中的性能要求与发展趋势。

案例分析：
　　此案例中我们需要掌握汽车用高强度冷轧钢板的特性，了解汽车工业对冷轧钢板性能的要求和冷轧钢板的成形性能及高强度冷轧钢板的发展趋势，从而回答李先生的问题。

2.3.1　汽车工业对冷轧钢板性能的要求

1. 汽车工业对钢板的要求

汽车工业要求冷轧钢板重量轻、成形性好、寿命长、安全性好、环境友好。

1）汽车轻量化对于提高燃料效率、防止 CO_2 排放所造成的环境污染是极为重要的。为了解决这个问题，需要提高汽车用钢板的强度，即使钢板减薄，仍然可以保持原来的强度水平。所谓双相钢、相变诱导塑性钢就是为此目的而开发的。

2）钢板的成形性决定了汽车成形过程的生产效率。一般来说，随着强度的提高，钢铁材料的成形性恶化。目前，汽车尽管设计得多种多样，但是大的趋势是采用流线型，以减少空气的阻力。具有高塑性的钢板即使经过多阶段的加工仍然可以不发生裂纹。近年开发的所谓自润滑钢板由于改进了钢板涂层的润滑性能而提高了成形加工的效率。

汽车的外板有可能遭受冲击，如果材料强度过低，很容易发生凹陷变形。烘烤硬化钢在成形之后进行烤漆的过程中可以进一步提高其强度，这实际上等于汽车在使用过程中得到了更高的强度，因而具有良好的抗凹陷性。因此，近年对烘烤硬化钢的需求不断增强。

汽车需要的另一个重要因素是寿命，即耐蚀性，特别在北美为了除去积雪，大量使用对钢有强烈腐蚀作用的氯化钙，对耐蚀性提出了更高的要求。应对腐蚀问题的重要措施是对钢板进行各种表面处理，例如镀锌。所以，近年表面处理钢板的用量持续增长，尽管其价格比普通钢板要高。另外，低成本的耐蚀钢板也在不断开发出来。

还有一个问题是安全性，特别是与冲撞有关的安全性。为了保证乘用者的安全，目前正在开发既具有高强度又具有良好耐冲撞性能的高强度钢板，用于汽车的结构件和底盘等部件。

3）需要开发的汽车用高强度冷轧钢板与环境友好。各国都已经制定了一系列法规和制度，强化环境保护，明令禁止使用对人类有毒害的物质，近年开发的无三价铬、无铅的涂镀层板，就是顺应这种趋势。

2. 汽车用冷轧钢板的成形性能

由于汽车用冷轧钢板需要经过成形加工，才能成为需要的零件，所以不仅要求钢板有需要的力学性能，而且要求钢板有良好的成形性能。这些钢板通常经过下面几种成形方式或它们的组合而成形为零件。

（1）拉深成形 拉深成形（Deep drawing）的特点是工件在冲头和冲模之间变形的过程中，在坯料上施加一定的压边力，使坯料在一个方向上（例如在冲杯过程中沿着杯的直径方向）获得大的拉深变形，在另一个方向上（例如冲杯过程中的圆周方向）发生收缩变形，所以需要材料有高的塑性应变比（r 值）。

（2）鼓胀成形 鼓胀成形的特点是施加非常强的压边力，冲压工具带有凸凹槽，即使在冲头的作用下，材料边缘也不能滑动，中间部分材料受到双向等轴拉深，像气球一样膨胀变薄。因此，要求材料具有良好的塑性及各个方向均匀延展变形和连续强化的能力。

（3）卷边成形 材料的切口边缘经历大的拉伸变形，例如冲制的圆孔用锥形冲头扩孔属于典型的卷边成形过程。由于切口边缘受到极大的拉伸变形，要求材料的组织必须性能均匀，组织中没有明显的硬相颗粒。所以，应当尽量避免出现大颗粒的碳化物或氧化物，使它们均匀、细小、分散。

（4）弯曲成形 弯曲成形发生的问题与卷边成形相似，也是由于局部变形引起的。改进方法也是相似的，可以通过硬度的均匀、分散而得到实现。

3. 汽车用冷轧钢板的类型及其性能

由于采用不同的强化机制，汽车用钢板有不同的组织，因而有不同的强度水平，依据强化机制、强度水平、组织特点的不同钢板可划分为不同的类型。其中，抗拉强度低于 270MPa 的主要是用作面板的无间隙原子钢和低碳钢，规定其为低强度钢；抗拉强度在 270~700MPa 的属于高强度钢，包括高强度的无间隙原子钢、烘烤硬化钢、碳锰钢、低合金高强度钢以及一部分双相钢和相变诱导塑性钢；抗拉强度超过 700MPa 的钢板为超高强度钢板，包括高强度级别的相变诱导塑性钢、双相钢以及马氏体钢和新开发的孪晶诱导塑性钢。其中，孪晶诱导塑性钢由于其独特的高延伸、高强度而受到人们的重视。表 2-6 为汽车用高强度钢板的强化机制、化学成分设计、抗拉强度水平和应用举例。

表 2-6 汽车用高强度钢板的强化机制、化学成分设计、抗拉强度水平和应用举例

强化机制	化学成分设计举例	抗拉强度水平	特性	应用举例
固溶强化	（低碳）P, Mn-P, Si-Mn 系	0~490MPa	深拉，一般加工	外板、内板、结构件
固溶强化	（极低碳）Si, Mn, P+Ti 等	0~490MPa	深拉	外板、内板、结构件
析出强化	（低、中碳）Mn-Nb, Si-Mn-Nb 等	0~590MPa	一般加工	内板、结构件

(续)

强化机制	化学成分设计举例	抗拉强度水平	特性	应用举例
组织强化（马氏体系）	（低、中碳）Si-Mn，Si-Mn-P 等	590~980MPa	双相钢（低屈强比型）	结构件
组织强化（残留奥氏体系）	（低、中碳）Si-Mn 等	590~980MPa	残留奥氏体（相变诱导塑性）钢	结构件
析出+组织强化	（低、中碳）Si-Mn-Ti-(Mo) 等	1180~1470MPa	超高强度钢	结构件

不同的汽车零件，将经历不同特征的变形过程，因而要求使用不同类型的钢板。考虑到需要的材料特性和强度水平，一般将汽车零件分为面板、结构件、加强件、底盘，根据各种材料所经受的不同的成形方式，而选用不同类型的材料。

4. 汽车面板用高强度钢板及其生产工艺

无间隙原子钢（含低强度的软钢和高强度无间隙原子钢）的特点是有非常大的延伸率和良好的深冲性能，因而广泛用于制造汽车面板。通常，汽车面板需要良好的塑性和拉深成形性能，因而无间隙原子钢得到了广泛的应用。无间隙原子钢采用低碳或超低碳和 Nb、Ti 微合金化的成分设计，使钢中的 C、N 以碳氮化物的形式而非固溶的形式存在，因而得到了极高的 r 值（平均 $r=2.5$）和应变硬化指数（$n=0.27$）。

无间隙原子钢的生产工艺是：通过低温大压下的热轧过程和轧后立即进行加速冷却，得到细晶的铁素体，以及大压下冷轧和高温退火，得到需要的冷轧组织和高成形性能。

外板不仅要求有良好的刚性（由弹性模量、厚度、集合形状等决定），还要求在受到压力或冲击时，具有良好的抗凹陷性。尽管提高屈服强度可以提高抗凹陷性，但是为了防止冲压过程中钢板表面发生畸变，一般要求屈服强度不超过 240MPa。为了解决成形性和抗凹陷性的矛盾，开发了烘烤硬化钢。烘烤硬化钢在成形加工中强度低，成形后材料发生加工硬化，强度有所提高。经过烘烤涂漆后的使用过程中，强度进一步提高，较好地解决了上述成形性和抗凹陷性的矛盾。

烘烤硬化钢的强化机制和生产工艺为：烘烤硬化钢在 170℃下经过 20min 的烘烤，固溶在铁素体中的残留 C、N 向成形过程中产生的位错扩散，它们将位错钉扎并提高了屈服强度。因此，固溶的 C、N 量越多，则烘烤效应越高。不过，残存固溶的 C、N 原子可能会引起时效，因而引起屈服强度延伸的缺陷。当 100℃下经过 1h 的加速时效热处理后，屈服强度延伸率可以小于 0.2%，实际上观察不到，这种情况下实际可达的烘烤硬化量是 30~50MPa。

有两种利用超低碳钢制造烘烤硬化钢的方法，一种方法添加的 C、N 量超过与 Nb、Ti 的化学计量比，另一种方法添加的 C、N 量低于与 Nb、Ti 的化学计量比。在前一种情况下，由于存在固溶的 C、N 原子，会妨碍具有高 r 值的有利织构。而后一种情况下，必须在后续的高温退火中考虑溶解一部分碳化物，以维持最终的产品中有必要的含碳量。通过控制固溶的 C、N 量，以及进行适量的 Nb、Ti 微合金化，不经过高温退火，也可以得到 270MPa 和 340MPa 的烘烤硬化钢。烘烤硬化钢用作容易受到外载荷的零件，例如顶盖、侧围等 590MPa

级的 Ti-IF 钢。

5. 结构件和加强件用高强度钢

结构件和加强件是重要的安全防护件,因此希望它具有高的冲击吸收能力。当然,它必须具有良好的成形性能,特别是鼓胀成形性能,以便冲制成形状复杂的零件。鼓胀成形性能与材料的延伸率有关,在高强度钢的冲压成形中具有重要的作用。对于高强度钢来说,一般随着钢强度的增加,其延伸率降低。双相钢和相变诱导塑性钢兼有高的强度和良好的延伸率,因而广泛应用于汽车的结构件和加强件,如车门、行李箱盖等。过去 20 年双向钢的应用增长迅速。

更高强度的高强度钢应用于轿车外板,已经付诸实现。一种 Nb、Ti 微合金化及超低碳并含有 P、Mn、Si 的 440MPa 级的固溶强化高强度钢已经开发出来,总延伸率达 38.3%,n 值为 0.24,r 值为 1.95。采用随后 600℃ 热处理的 Cu 沉淀强化机制,开发了另一种 r = 1.9、强度达到 590MPa 级的汽车外板用钢。

双相钢是以 Si、Mn 为主要合金成分的低成本钢材。钢材在连续退火过程中,首先加热到 760~830℃ 的铁素体 + 奥氏体两相区,使其组织为一定比例的铁素体和奥氏体。此时,令钢材淬火到马氏体点以下,则奥氏体转变为马氏体,形成所谓的"双相组织"。双相钢基体为软的铁素体,在其上分布硬质的马氏体,两者分别确定材料的低的屈服强度和高的抗拉强度。双相钢比传统的高强度钢有更高的初始加工硬化率,所以有很低的屈强比,可以得到很大的延伸率。双相钢中固溶较多的 C,所以也是一种烘烤硬化钢,在经过烘烤涂漆后,屈服强度提高约 100MPa。双相钢在车辆冲撞这样的高速变形中,表现出比普通高强度钢更高的强度,所以具有更大的冲击能吸收能力,有利于提高车辆的安全性。

目前,最常用的双相钢的抗拉强度为 490~780MPa,抗拉强度高达 1170MPa 的双向钢也已经开发出来。相变诱导塑性钢是一种由铁素体、贝氏体、残留奥氏体组成的多相钢,残留奥氏体的量可以达到 20%。由于变形过程中残留奥氏体转变为马氏体,即所谓的相变诱导塑性效应,会促进变形均匀分布,所以相变诱导塑性钢有很高的强度,又可以得到很大的延伸率。双相钢和相变诱导塑性钢是制造结构件和加强件的重要高强度钢。为了生产相变诱导塑性钢需要特殊的热处理装置和技术。

利用连续退火设备可以制造相变诱导塑性钢。钢材在加热到高温退火过程中,显微组织分解为铁素体和奥氏体,将钢板迅速冷却到贝氏体转变温度范围,在随后几秒的热处理中,硬的贝氏体形成,碳在剩余的奥氏体中富集,添加一些元素可以帮助碳的富集。最终的室温组织由铁素体、贝氏体和残留奥氏体组成。

还有一类汽车结构件和加强件,由于要经过卷边成形和弯曲成形,所以要求具有性能均一、硬度均匀的组织,不希望有明显的硬相。这一类零件经常使用卷边成形性能优良的贝氏体钢。

6. 车体下部零件用高强度钢

对于车体下部的结构件,过去以沉淀硬化钢为主,但近年来兼有强度和优良成形性能的双相钢和相变诱导塑性钢的应用已呈上升的趋势。780MPa 超强钢板用于悬架件和车轮等车体下部零件。超强的沉淀硬化钢和马氏体钢用于高刚性的零件,像缓冲器和冲击梁。1470MPa 级的超强钢板用于振动吸收装置,如安装在缓冲器和车门上的防震冲击梁。

7. 耐蚀涂镀钢

为了提高钢板的耐蚀性能，70%~80%的汽车板件采用涂镀钢板。在连续热浸镀生产线上，钢板首先经过连续退火，以获得需要的力学性能，然后经过锌锅，在钢板表面镀锌（或锌的合金），利用喷吹空气或氮气的气刀控制锌层的厚度，最后涂镀的钢板要通过平整机进行平整。尽管通过热浸镀的钢板表现出良好的耐蚀能力，但是涂漆性能、成形性能、焊接性能尚不能满足要求，原因在于涂层是纯锌。为此，将纯锌层再加热到一定温度，使纯锌层变为一层锌铁金属间化合物，这就是所谓的合金化镀锌板（GA）。但是，由于镀锌层由 Zn-Fe 化合物组成，性质极脆，可能在成形过程中发生粉化（即剥落现象）。控制 Zn-Fe 化合物的组成，可以抑制粉化现象。Zn-Fe 化合物可以依据化合物的成分分为 ζ 相、δ_1 相和 Γ 相。涂层的性能受到这些相所占成分比例的显著影响。希望减少 ζ 相，因为这种相会增加摩擦阻力；同时也希望减少 Γ 相，因为这种组织非常硬，不容易发生变形。

2.3.2 汽车用高强度冷轧钢板的发展趋势

近几十年来，汽车用先进高强度钢是汽车板用材料的研发重点。第一代以铁素体为基的先进高强度钢的强塑积为 15GPa%，第二代以奥氏体为基的先进高强度钢的强塑积为 50GPa%，因其合金含量高和生产工艺控制困难导致成本高，因此正研发第三代多相先进高强度钢，通过多相、亚稳和多尺度的组织精细调控，其强塑积为 30GPa%。第三代先进高强度钢以提高第一代先进高强度钢的强度、塑性，以及降低第二代先进高强度钢的合金含量、生产成本两方面进行研发。图 2-5 所示为三代多相先进高强度钢的比较。

第一代以铁素体为基的先进高强度钢包括双相钢、相变诱导塑性钢、复相钢和马氏体钢等。

第二代以奥氏体为基的先进高强度钢包括孪晶诱导塑性钢、具有诱导塑性的轻量化钢（Light-Induced Plascity，L-IP）、奥氏体不锈钢等。

第三代多相先进高强度钢是一种新的多相钢，该新钢种具有多相、亚稳和多尺度的组织精细调控，从而获得更高的强度和伸长率。

（1）双相钢 双相钢的主要组织是铁素体 F 和马氏体 M，其中马氏体含量在 5%~20% 之间。M 弥散分布在 F 基体上，形成具有良好成形性和高强度的双相钢。其微观组织主要通过亚温淬火等方法得到。双相钢的强度由 M 的含量决定，M 数量越多，双相钢的强度越高。双相钢的主要合金元素是 Mn，也可适量加 Cr、Mo，使 C 曲线右移，避免冷却时析出珠光体和奥氏体。其屈服强度为 500~1200MPa，与常用的低合金高强度钢相比，在相同强度级别下，双相钢具有低的屈强比、较高的伸长率（均匀伸长率和断后伸长率）、高硬化指数、高加工硬化指数、高烘烤硬化性能，而没有屈服延伸和室温时效等优点。双相钢一般用于制造高强度、高抗碰撞吸收、易成形、要求严格的零件，如车轮轮毂、保险杠、悬架系统和加强件，也可用在汽车的内外板等零件上。

（2）复相钢 复相钢的主要组织是细小的铁素体和高比例的硬相（马氏体、贝氏体），主要合金元素是 Nb、Ti 等元素，屈服强度为 800~1000MPa，具有较高的吸收性能和吸收扩孔性能，特别适用于制作车门、防撞杆等零件。

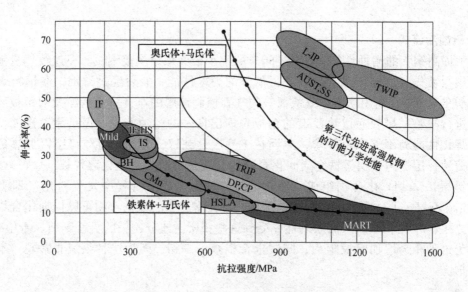

图 2-5 三代多相先进高强度钢的比较

IF—无间隙原子钢　Mild—低碳铝镇静钢　IF-HS—高强度无间隙原子钢　IS—各向同性钢　BH—烘烤硬化钢　CMn—碳锰钢　HSLA—高强度低合金钢　DP—双相钢　CP—复相钢　TRIP—相变诱导塑性钢　MART—马氏体钢　L-IP—轻量化诱导塑性钢　AUST, SS—奥氏体不锈钢　TWIP—孪晶诱导塑性钢

(3) 马氏体钢　马氏体钢的主要组织是高温的奥氏体组织通过快速淬火转变成的板条马氏体组织,主要合金元素是 Mn、Si、Cr、Mo、B、V、Ni 等元素,屈服强度可达 1500MPa,是超高强度钢中强度级别最高的钢种。但是,它通常需进行回火处理以改变其塑性,使其在高强度下仍具有足够的成形性能。马氏体钢主要用于成形要求低的车身零部件,可代替管状零件,并减少制造成本。

(4) 相变诱导塑性钢　相变诱导塑性钢的主要组织是铁素体、奥氏体和残留奥氏体,主要合金元素是 Si 和 Mn,其中 Si 的作用是抑制贝氏体转变时渗碳体析出。其屈服强度为 600~800MPa,与其他同级别的高强度钢相比,相变诱导塑性钢兼具高强度和高延伸性能,可冲制较复杂的零件;还具有高碰撞吸收性能,车身一旦遭遇碰撞,通过自身形变来吸收能量,而不向外传递,常用作汽车的保险杠、汽车底盘等。它还具有优良的高速力学性能和抗疲劳性能,主要用于汽车结构件及其加强件、拉深的汽车零件,如油底壳、车门、罩壳等。此外,相变诱导塑性钢也可作为热镀锌和 Zn-Ni 电镀锌的基板,以生产高强度、高塑性、高拉深胀形性以及高耐蚀性的镀锌板。

(5) 孪晶诱导塑性钢　孪晶诱导塑性钢在无外载荷、冷却到室温时的组织是稳定的残留奥氏体,但是如果施加一定的外部载荷,由于应变诱导产生机械孪晶,会产生大的无缩颈延伸,显示出非常优异的力学性能,具有较高的应变硬化率、塑性和强度。其主要合金元素是 15%~30% 的 Mn,并加入一定量的 Al 和 Si,也可再加入少量的 Ni、V、Mo、Cu、Ti、Nb 等。由于加入了大量的 Al,钢的密度也会有所下降。其屈服强度可以达到 1000MPa 以上,伸长率可达到 60%~95%。国外的研究已经从第一代 Fe-25Mn-3Al-3Si-0.03C 系到第二代的 Fe-23Mn-0.6C 系,一直到目前的 Fe-26Mn-11Al-1.1C 和 Fe-6Al-0.05Ti-0.05Nb-0.002B

系。目前，孪晶诱导塑性钢的研究在欧洲和韩国较热，而日本和美国并不看好它的将来。

(6) 高强度无间隙原子钢　高强度无间隙原子钢中的间隙原子极少，因而可以把微合金降到最低，从而可以避免普通无间隙原子钢的缺点（如涂镀性能差）。其主要合金元素是 Nb、Ti，适量添加 P、Si、Mn、B 用以控制冷加工脆化，避免晶界偏析。高强度无间隙原子钢延展性均匀，而且具有非常好的深冲性能。高强度无间隙原子钢与普通铝镇静钢或钛合金化无间隙原子钢相比有再结晶延迟的缺点，因而为了获得所要求的织构和压延性，就要有足够高的再结晶退火温度，同时这种高强度无间隙原子钢的生产需要使退火过程连续化，因为只有通过快冷才能抑制冷加工脆性。高强度无间隙原子钢主要在镀锌后用于制作汽车内板。

(7) 烘烤硬化钢　烘烤硬化钢的强化机制是残留于钢中的间隙固溶原子碳和氮产生的高温应变时效，即溶解在 F 中的碳、氮原子聚集在应变产生的位错处并限制位错运动。烘烤硬化汽车板正是因汽车板在喷涂烤漆高温时效过程中屈服强度提高这一特性而得名。

目前，开发出的烘烤硬化钢主要有四大类，即渗氮钢、双相钢、含磷铝镇静烘烤硬化钢和超低碳烘烤硬化（ELC-BH）钢。渗氮钢常温时效性能差，在冲压时极易产生滑移线，且 r 值较低，成形性能较差。双相钢强度虽高，但 r 值较低，压延性稍差，价格也较高，在使用上受到了一定的限制。含磷铝镇静烘烤硬化钢和超低碳烘烤硬化钢具有良好的冲压成形性能和塑性，以及较高的抗凹陷性能和强度，适合于汽车零件，特别是汽车车身覆盖件的冲压成形，在汽车工业得到了广泛应用。然而，含磷铝镇静烘烤硬化钢的成形性较超低碳烘烤硬化钢低且具有一定的常温时效性，故近年来随着以无间隙原子钢为代表的超低碳钢系列产品的开发发展，超低碳烘烤硬化钢已有完全取代它的趋势。

烘烤硬化钢具有屈服强度低、屈强比低、延展性较好和抗凹性好的特点，主要用于发动机盖板、门外板、行李舱外板、顶盖板。

(8) 淬火分配钢　淬火分配工艺可用来生产一种具有相变诱导塑性效应的高强度高塑性的马氏体钢，即淬火分配钢。其室温组织是贫碳的板条马氏体和富碳的残留奥氏体，马氏体组织保证了钢的强度，残留奥氏体由于在形变过程中发生相变诱导塑性从而提高了钢的塑性。该种钢的抗拉强度最高可以达到 1400MPa，对应伸长率为 15%。图 2-6 为淬火分配热处理工艺曲线。

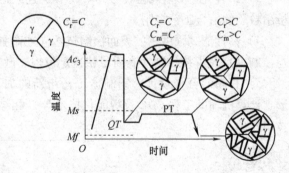

图 2-6　均匀奥氏体经淬火分配（QP）

C—原始合金碳含量　C_r—奥氏体碳含量　C_m—马氏体碳含量　QT—淬火温度　PT—碳分配温度

(9) 热冲压成形钢　冲压工艺成形的零件由于材料的塑性有限，在成形过程中零件很容易出现起皱、开裂、回弹等问题，其尺寸稳定性差，易出现加工硬化。传统的冲压工艺无法满足高强度钢的加工工艺要求，因此国际上逐渐研究采用超高强度钢的热冲压成形技术。热冲压技术是将均匀奥氏体化的红热钢直接送入内置冷却系统的模具，快速冲压成形后保压，完成完全马氏体相变的过程，可使强度大幅提高。热冲压成形件抗拉强度可达 1500MPa 以上。

由于热冲压是在零件机械冲压的同时也完成了热处理强化，因此相对于冲压来说，热冲压用钢的成分就有一些特殊的要求，其成分设计要适应热冲压过程中的热循环。含硼钢是目前广泛应用于热冲压成形的钢，这类钢的成分特点是在碳锰钢的基础上添加质量分数为 $(20\sim50)\times10^{-4}\%$ 的硼。硼的作用在20世纪50年代早期就被人们所认识，硼只有固溶在钢中才能起到强化作用。由于硼与氧和氮有强烈的化学亲和力，因此在钢中添加硼时都需要添加一些强氧化物和氮化物形成元素，如铝、锆和钛等。固溶的硼偏析在奥氏体晶粒边界，延迟了铁素体和贝氏体的形核，进而增加了钢的强度。

2.3.3 汽车用超高强度钢的发展

近年来，超高强度钢的抗拉强度已达到或超过1700MPa。目前，先进高强度钢已发展到第二代，正在向着高成形性和超高强度的第三代高强度钢发展。第三代先进高强度汽车用钢兼有第一代和第二代高强度汽车用钢的微观组织特点，并充分利用晶粒细化、固溶强化、析出强化及位错强化等手段来提高其强度，通过应变诱导塑性、剪切带诱导塑性和孪晶诱导塑性等机制来提高塑性及成形性能。

在解决汽车用高强度钢随着强度的增加，塑性和成形性能显著下降，开裂、起皱、回弹、模具磨损和焊接等问题明显增加，以及如何进一步提高抗冲撞能量吸收值等关键问题时，从高性能先进高强度钢的冶金与材料工艺原理出发，研究的热点集中在以下几个方面：

1）新的合金化设计（在洁净钢的基础上，进行 Nb、V、Ti、B 等的微合金化优化设计等）。

2）新的材料组织结构设计（细晶与超细晶，复相组织结构及其强韧化等）。

3）结合先进热轧与控冷技术、冷轧、连续退火与快速冷却技术的精确相变与纳米尺寸析出粒子的冶金工艺控制。

4）高性能高强度钢的表面控制技术（如高强度钢的高表面质量控制、涂镀层界面结合与控制等）及焊接控制（高质量快速定位焊、激光焊等）基础等。

5）将新的合金设计、钢制造工艺与新的加工成形技术（如热成形、温成形、液压成形、计算机辅助工程CAE及智能化技术等）相结合的新材料设计-制造-成形一体化理论与技术基础。

> 💡 **小知识**
>
> **高强度钢板**
>
> 高强度钢板（高强板）是指Q460的钢，其强度高，特别是在正火或正火加回火状态有较高的综合力学性能，主要用于大型船舶，桥梁，电站设备，中、高压锅炉，高压容器，机车车辆，起重机械，矿山机械及其他大型焊接结构件。Q460是一种高强度的低合金钢。Q460的牌号表示方法："Q"代表钢材的屈服强度，后面的数字表示屈服强度数值，460代表460MPa。Q460就是钢材受压强度达到460MPa时才会发生塑性变形，也就是当外力去掉后，钢材只能保持受力的形状而无法恢复原形，这个强度要比一般钢材大。

Q460在保证低碳当量的基础上,适当地增加了微合金元素的含量。良好的焊接性能要求钢材碳当量低,而微合金元素的增加在增加钢材强度的同时,也会增加钢材的碳当量。但好在增加的碳当量很少,所以不会影响钢材的焊接性能。

非金属高强度结构材料

非金属材料的密度较钢、铁、铜、铅等金属材料小得多,有些比铝、镁、钛等还小。按比强度(强度/密度)计算,有的纤维树脂复合材料的常温比强度超过高强度钢和高强度铝。这些材料被用来制造手轮、手柄、支架、罩壳、仪表板等一般轻质结构件,也可用来制造飞机机翼和叶片、整体船艇、汽车车身和传动轴、高速纺织综框、高压容器等高强度结构件,这样可以减轻自重,增加运载能力或提高运行速度,节约能源。

学习评价

一、根据所学知识填写表格(表2-7)

表2-7 材料强化机制和抗拉强度水平

强化机制	成分设计举例	抗拉强度水平	特性
	(低碳)P, Mn-P, Si-Mn 系	0~490MPa	深拉,一般加工
	(极低碳)Si, Mn, P+Ti, (Nb), (B) 等	0~490MPa	深拉
	(低、中碳)Mn-Nb, Si-Mn-Nb 等		一般加工
	(低、中碳)Si-Mn, Si-Mn-P 等		双相钢(低屈强比型)
组织强化(残留奥氏体系)	(低、中碳)Si-Mn 等		残留奥氏体(相变诱导塑性)钢
析出+组织强化	(低、中碳)Si-Mn-Ti-(Mo) 等		超高强度钢
自我评价			
掌握情况			

二、实践活动

1. 根据所学到的知识,对汽车的部件、零件进行分类,并找到它们的安装位置,和同学们讨论这些部件和零件的工艺流程和使用要求。

2. 到实习车间认知汽车不同位置的钢铁所应用的不同工艺。

> **学习讨论**
>
> 1. 请说一说为什么汽车上不同位置要使用不同的材料和工艺。
> 2. 请说一说这些材料和工艺都有什么特点。
> 3. 大家谈一谈汽车用的高强度钢将来的发展趋势。

2.4 高强度钢使用和发展面临的挑战

学习目标： 通过本单元的学习，让学生了解高强度钢生产技术面临的挑战、高强度钢使用过程中存在的主要问题，实现汽车轻量化所需要的高强度钢的发展对策。

知识目标： 1. 了解高强度钢生产技术面临的挑战。
2. 了解高强度钢使用过程中的主要问题。
3. 了解发展高强度钢汽车板材的对策。

技能目标： 能说出汽车用高强度钢生产过程中遇到的问题。

素养目标： 正确认识高强度钢在生产和使用上面临的机遇与挑战。

导入案例：

李先生看到自己的爱车在车体支架的下方和轮眉处都出现了较大面积的锈蚀，很担心汽车的质量问题。他想了解一下，汽车生产用的是什么材料，为什么会出现生锈的情况。接下来让我们带着这些疑问，和李先生一起去了解高强度钢在汽车制造中遇到的问题。

案例分析：

此案例中我们需要掌握高强度汽车钢板在生产和使用中遇到的挑战，这是目前制约汽车轻量化技术的重要瓶颈。在汽车生产中对于整车的钢质材料来说，不同的车体部位用的材质有所不同，使用的条件也不一样。

2.4.1 高强度钢生产技术面临的挑战

1. 炼钢问题

高强度钢的力学性能与化学成分关系密切。由于高强度钢对钢的化学成分控制要求较高，不允许出现较大的波动，例如某些钢种的含碳量控制范围要求达到 ppm（1ppm = 10^{-4}%）级，否则其性能就不合格。由于高强度钢特别是超高强度钢的合金含量较高，锭坯化学成分易偏析，且锭坯在冷却过程中特别容易开裂，因此高强度钢对板坯的热装热送、锭坯堆放及保温都有较高的要求。另外，这种锭坯因存在某些缺陷而需进行火焰清理或切割时也很容易开裂。

2. 热轧问题

高强度钢在热轧生产过程中也较容易出问题。首先，在板坯加热过程中，要严格控制合金含量较高板坯的加热速率和加热均匀性，以免板坯在加热过程中产生开裂或变形；其次，高强度钢对热轧温度控制要求较高，因为热轧相关温度的波动将导致高强度钢材质性能的波动；第三，高强度钢制品力学性能的波动又反过来影响后工序热轧过程的稳定性和最终热轧板成品的力学性能、尺寸精度、板形以及表面质量。

3. 酸洗问题

高强度钢，特别是超高强度钢热轧卷表面氧化皮的厚薄及特性对温度较为敏感，而且酸洗难易程度也不同，加上超高强度钢热轧板拉矫延伸率很难达到要求，因此超高强度钢酸洗困难。除了酸洗表面质量问题外，还有高强度钢的头尾焊接困难等问题，由于板形差、有时边裂也较严重，高强度钢的稳定通板及切边碎边也较困难。在高强度钢中添加的各种合金元素还可能影响酸再生的副产品——氧化铁粉的纯净度和磁性能。

4. 冷连轧问题

由于变形抗力大，硬化速率快，轧制力过大，很容易超过轧机电动机负荷，因而不得不减小轧制变形量，降低轧制速度。而且，超高强度钢在轧制过程中易出现打滑、边裂、板形不良甚至断带等问题。由于高强度钢热轧来料的力学性能和厚度波动较大，轧硬材的厚度波动也较大。在热轧和冷轧过程中，轧制力大，轧辊弯曲严重，由此引起轧硬材横断面凸度较大、边缘降较严重、轧辊易爆裂和断辊等。

5. 热处理及涂镀工序的主要问题

退火及平整工序最终决定了高强度钢的力学性能、板形及表面质量，特别是对于以相变强化为主的先进高强度钢，热处理制度（退火曲线）和平整延伸率最终决定了材料的组织结构和力学性能。目前，国内几乎所有的大型连续热处理机组在生产相变强化的高强度钢时，其冷却速度总显得不足。与国外先进机组相比，在生产相同强度等级的高强度钢时，要添加更多的合金元素，有时甚至根本无法生产出希望获得的组织结构和性能。此外，还有焊缝开裂问题，由于轧硬材及快冷后的带钢板形不良易引起通板困难问题，以及高温退火造成合金元素易在带钢表面富集而引起测温不准问题。在热镀锌工序中，除上述问题之外，还有高强度钢可镀性较差及合金化较困难问题。在平整工序中，无论普冷高强度钢，还是热镀锌高强度钢，特别是当材料强度等级较高时，很难达到要求的平整延伸率，因此高强度钢平整前本来就较差的板形也很难通过有限的平整变形而得以明显改善。而且，超高强度钢表面粗糙度的控制能力也较差，有时在平整工序中粗糙度几乎不变。

在电镀锌工序中，高强度钢较差的板形很容易损坏电极板等电镀锌设备，也影响带钢的稳定通板和镀层的均匀性。此外，电镀锌机组辊系的设计依据是钢带强度等级、规格及机组速度。当强度等级超出设计较多且厚度也较大时，不仅通板困难，还会影响产品质量。

6. 精整及其他问题

高强度钢，特别是超高强度钢的精整问题主要是剪切能力问题，国内几乎所有精整线都只能剪切 80kg 级以下的高强度钢。更高强度等级高强度钢的切板或分卷、分条需新增机组或对旧的机组进行优化改进。其他问题，如检化验分析和各工序生产组织接续问题，也是较难解决的，特别是超高强度钢拉伸样的制备和试样拉伸断裂后对引伸仪的振动冲击问题，都是很棘手的。而且，超高强度钢还需追加其他特殊检化验项目。各种强度等级和各种规格的高强度钢连轧机和连续热处理机组的生产接续问题也很难解决，这对机组的正常生产和状态

2.4.2 高强度钢使用过程中的主要问题

1. 高强度钢的成形问题

高强度钢的塑性较差,变形时易开裂,变形抗力大,成形后的回弹也大,零件尺寸精度不良。因而,在对冲压和滚压模具进行设计时,要充分考虑到高强度钢变形能力小、变形抗力大及回弹较大的特点,以准确预测形状尺寸。另外,高强度钢对模具的磨损也较大,有时甚至会卡模具,因此需对模具表面进行涂镀(如 TiN)处理。为了解决高强度钢成形困难问题,研发了高强度钢的激光拼焊板,使变形较大的部位由软钢或成形性较好的高强度钢来承受,而变形量较小或需要承受较大负荷的部位则使用强度等级较高的高强度钢。除此之外,研发了新的成形技术,如液压成形、温挤压成形和热冲压成形等。

2. 高强度钢的焊接问题

高强度钢的焊接性能一直是影响高强度钢冷轧生产和使用的非常核心的问题。由于生产工艺技术不同,特别是热处理冷却速率不同,若要获得用户需要的强度等级,其合金元素的添加量也要有所不同。当冷却速度较低时,必须添加较多的合金元素,但由此也会引起焊接性能恶化。除了冷却速度外,其他生产工艺及设备条件也影响材料设计时合金元素的添加量,影响高强度钢的焊接性能。对于高强度钢涂镀产品来说,涂镀层成分及其组织结构和镀层厚度均影响其焊接性能。

3. 高强度钢的涂装问题

高强度钢合金元素的表面富集和氧化则影响其磷化等涂装性能。就涂镀产品而言,涂镀层化学成分及镀层表面形貌等也影响材料的涂装性能。改善高强度钢涂装性能的方法有:通过控制热处理过程中炉内气氛来控制高强度钢合金元素的表面富集和氧化;采用酸洗方法将扩散到镀层表面的合金元素清洗干净,有的经过酸洗之后,还需进一步电镀一层极薄的镍,以改善其涂装性能。

2.4.3 发展高强度汽车钢板的对策

1. 加强钢铁厂与汽车厂的合作研究开发

新一代性能更优的汽车设计制造需要有新的先进高强度钢材料的支持。钢铁厂作为最主要的汽车用材供应商理应在新一代汽车减重、节能和安全环保方面有所贡献。因此,钢铁厂与汽车制造厂之间应加强合作,在汽车设计、模具设计和零件选材与用材方面多进行研讨磋商。现在,自主创新是新的国家战略,提高自主创新能力已成为汽车行业发展规划中的核心词汇。同样,在技术含量较高的汽车用高强度钢生产工艺技术与设备研究开发和高强度钢使用技术研究方面,钢铁厂也有大量的技术创新工作要做,这都为将来钢铁厂与汽车制造厂的合作研究开发带来契机。

2. 高强度钢生产工艺设备的自主研究开发

目前,商业用高强度钢生产冶金原理近几年并没有新的发现,但在 1200MPa 以上超高强度钢工艺方面,国际上出现了两条途径:其一,钢铁厂通过热处理方法获得 1500MPa 左右超高强度钢,而后通过滚压等成形方法加工成保险杠、防撞杆等汽车零件;其二,钢铁厂只提供强度只有 800MPa 左右但化学成分能满足进一步热处理要求的板卷,由零部件厂或汽车厂通过热冲压成形而获得1500MPa左右的超高强度钢零部件。前者的优势是，超高强度钢的热处理集中在钢厂完成，生产效率高，成本低，对环保也有利，但在滚压成形中必须解决零件成形过程的回弹问题，以确保零件尺寸精度。后者的优势在于，热成形后的形状稳定，尺寸精度高，对于形状较复杂的零件也较易生产，但该方法的生产效率低，每种车型、每个超高强度钢零件都需要专用水冷模具，投资巨大，而且还要在后工序配备喷丸或在前工序镀铝或涂镀其他材料，生产成本较高。对于钢铁厂科技人员来说，应该更多地关注前者。

高强度钢的生产在炼钢、热轧、酸洗和冷连轧等工序中都有困难，因此各工序都必须对现存的生产工艺技术问题进行研究，以优化其生产工艺。对于某些设备，还要进行技术改进。对于热处理和涂镀工序，国内各钢厂在高强度钢特别是超高强度钢的生产工艺设备能力方面还有较大的差距，其中最突出的问题是连续热处理机组的冷却速率太低，热镀锌机组缺乏改进高强度钢可镀性的手段。围绕连退和热镀锌的核心技术——快冷技术问题，必须开发出具有自主知识产权的快冷关键技术，为更经济、更合理地开发先进高强度钢和超高强度钢创造条件。针对高强度钢特别是超高强度钢合金元素含量高、焊接性能差的问题，酸轧及连续热处理机组都宜配备激光焊机。针对超高强度钢可镀性差的问题，热处理线宜采用直火加热和高氢快冷技术。针对超高强度钢板形差、平整延伸率难以提高的问题，宜采用板形控制能力强、工作辊辊径较小的六辊平整机。

3. 加快先进高强度钢新产品的研究开发

以相变强化机理为主的各种强度等级的双相钢、相变诱导塑性钢、马氏体钢和复相钢等先进高强度钢将在未来的新车型中大量使用，为此，需加快这些新产品开发的速度。高强度钢的成品性能与生产工艺参数特别是热处理工艺技术参数的关系密切，因此新产品开发一定要结合工艺流程和生产线进行。在新产品开发中，除进行大量必要的模拟试验外，还要摸索出各工序关键性的工艺技术参数范围，最好还有一条功能强大的中试机组，以便通过中试机组验证规定的生产工艺参数范围是否合理，新产品材质性能及其他质量能否满足用户要求。只有通过验证，才能在大生产机组上进行批量试生产及优化改进。由此可见，中试机组在新产品开发中起着极其重要的桥梁作用。目前，国内非常缺乏这种中试机组，特别是连续热处理中试机组尤为突出。然而，这种机组的投资庞大，国家及省市相关部门应大力支持并鼓励钢铁企业在这方面的投入，以提升钢铁企业的自主创新能力。

4. 高强度钢生产线的优化

在大型钢铁联合企业中，生产线都是比较多的，每条生产线都有其自身特点，适合生产相应的产品。为了最大限度地发挥各条生产线优势，就必须对各生产线进行分工。高强度钢，特别是超高强度钢主要用于制造汽车安全件和内部结构件，对材质性能要求很高，但对表面质量要求不高。机组生产超高强度钢之后，对辊面质量和炉况均有不良影响。因此，较理想的生产线分工是生产汽车外板的机组与生产超高强度钢的机组分开，高强度钢与超高强度钢在专用线上集中生产便于接续过渡。在生产高强度钢的机组中，由于不同钢种对机组各段的温度、时间和冷却速率的要求不同，在设计新的机组时，应根据其主要目标产品的特点进行设计。对于已有的机组，则可根据其能力进行分工。一般而言，相变诱导塑性钢对冷却速率要求不高，但却要求有较高的过时效温度和较长的时效时间，双相钢和马氏体钢则要求较高的冷却速度和较低的冷却终点温度，但要求过时效的温度低，过时效时间短。因此，必须尽可能把上述两类钢分开生产，以免机组设计不合理以及实际生产时工艺过渡时间长。

5. 加强高强度汽车钢板的用户使用技术研究

用户在高强度汽车钢板使用过程中必然会碰到许多与材料相关的技术问题，对于这些问题，用户总希望钢厂帮助解决。因此，钢厂除研究高强度钢本身的基本材料特性之外，还要研究高强度钢的成形问题、各类激光拼焊及拼焊板的成形问题、高强度钢零件之间的定位焊问题、高强度钢零件的磷化和后续涂装问题。钢厂只有把高强度钢的相关问题研究透了，才能更好地满足汽车用户的需要。

> 💡 **小知识**
>
> **合金钢的性能**
>
> 随着科学技术和工业的发展，对材料提出了更高的要求，如更高的强度，抗高温、高压、低温、耐蚀、耐磨损，以及其他特殊物理、化学性能的要求，碳钢已不能完全满足要求。
>
> 碳钢的不足：
>
> 1）淬透性低。一般情况下，碳钢水淬的最大淬透直径只有 10~20mm。
>
> 2）强度和屈强比较低。如碳素结构钢 Q235 的屈服强度为 235MPa，而低合金结构钢 Q345（16Mn）的屈服强度则在 345MPa。40 钢的屈强比仅为 0.43，远低于合金钢。
>
> 3）回火稳定性差。由于回火稳定性差，碳钢在进行调质处理时，为了保证较高的强度，需采用较低的回火温度，这样钢的韧性就偏低；为了保证较好的韧性，采用高的回火温度时强度又偏低，所以碳钢的综合力学性能水平不高。
>
> 4）不能满足特殊性能的要求。碳钢在抗氧化、耐蚀、耐热、耐低温、耐磨损以及特殊电磁性等方面往往较差，不能满足特殊使用性能的需求。
>
> 合金元素对钢的工艺性能的影响：
>
> （1）合金元素对钢铸造性能的影响　固、液相线的温度越低和结晶温区越窄，其铸造性能越好。合金元素对铸造性能的影响，主要取决于它们对 $Fe-Fe_3C$ 相图的影响。另外，许多元素，如 Cr、Mo、V、Ti、Al 等在钢中形成高熔点碳化物或氧化物质点，增大钢的黏度，降低流动性，使铸造性能恶化。
>
> （2）合金元素对钢塑性加工性能的影响　塑性加工分热加工和冷加工。合金元素溶入固溶体中，或形成碳化物（如 Cr、Mo、W 等），都使钢的热变形抗力提高和热塑性明显下降而容易锻裂。一般合金钢的热加工工艺性能比碳钢要差得多。
>
> （3）合金元素对钢焊接性能的影响　合金元素都提高钢的淬透性，促进脆性组织（马氏体）的形成，使焊接性能变坏。但钢中含有少量 Ti 和 V，可改善钢的焊接性能。
>
> （4）合金元素对钢切削性能的影响　切削性能与钢的硬度密切相关，钢适合于切削加工的硬度范围为 170~230HBW。一般合金钢的切削性能比碳钢差，但适当加入 S、P、Pb 等元素可以大大改善钢的切削性能。

(5) 合金元素对钢热处理工艺性能的影响　热处理工艺性能反映钢热处理的难易程度和热处理产生缺陷的倾向，主要包括淬透性、过热敏感性、回火脆化倾向和氧化脱碳倾向等。合金钢的淬透性高，淬火时可以采用比较缓慢的冷却方法，可减少工件的变形和开裂倾向。加入锰、硅会增大钢的过热敏感性。

学习评价

一、根据所学知识填写表格（表2-8）

表2-8　高强度钢生产面临的挑战与解决办法

序号	高强度钢的生产技术面临的挑战	主要的影响及解决的办法
1	炼钢问题	高强度钢，特别是超高强度钢的合金含量较高，锭坯化学成分易偏析，且锭坯在冷却过程中特别容易开裂，因此高强度钢对板坯的热装热送、锭坯堆放及保温都有较高的要求
2	热轧问题	
3		
4		
5		
6		
7		
8	高强度钢的成形问题	
自我评价		
掌握情况		

二、实践活动

1. 根据所学到的知识，对汽车不同位置的钢材进行归纳分类，和同学们讨论这些用在汽车上的钢材加工过程中遇到的困难有哪些。

2. 到实习车间了解不同位置、不同材料的汽车钢板。

学习讨论

1. 请你说一说高强度钢为什么能在汽车上大量使用。
2. 请问用高强度钢生产汽车并实现轻量化还要克服哪些困难。
3. 大家谈一谈高强度钢生产与发展的前景。

模块 3
铝合金和镁合金在汽车轻量化中的应用

📌 学习指南

通过本模块的学习,让学生在学习轻量化应用的基础上,认识铝合金和镁合金等应用材料,掌握铝合金和镁合金的作用。

本模块学习的重点是让学生掌握铝合金锻件在汽车中广泛的应用前景,了解铝合金材料、镁合金材料在汽车工业生产中的发展趋势。

本模块的学习难点是铝合金和镁合金等应用材料在汽车轻量化实践中的具体应用。

📝 学习建议

可用资源	☑PPT ☑视频讲座 ☑培训频道
	☐专家讲座 ☐其他
学习方法	听讲、观察、实操、现场考评、课堂讨论

3.1 铝合金

学习目标:通过本单元的学习,让学生了解铝合金材料在汽车上的应用。目前,我国主要的铝合金板材生产企业已完成了铝合金汽车板轧制技术开发并试制了相应的铝合金汽车板材,进行了汽车零件试制和试生产,取得了满意的效果。半固态铝合金的工业应用有了一定的基础和进展,但暂时未进入产业化阶段。

知识目标:1. 了解铝合金材料的特性。
2. 掌握铝合金的分类方法。
3. 掌握汽车对铝合金材料的用材要求。

技能目标:1. 对铝合金材料进行分类。
2. 在实体汽车中指出铝合金材料应用到什么部件或安装的位置。

素养目标:了解铝合金材料运用于汽车轻量化的优势及发展趋势。

> **导入案例：**
> 　　林先生想购买一辆车身轻便、安全、省油的汽车，他想了解一下，目前有关汽车生产厂家是如何采用新材料、新工艺来制造汽车的，这些用新型材料做出来的车辆在节能、安全性能方面又如何？接下来让我们带着这些疑问，和林先生一起去了解铝合金在汽车制造应用的现状。

> **案例分析：**
> 　　此案例中我们需要掌握铝合金铝材的特性，了解铝合金的分类，以及铝合金材料如何满足汽车的结构要求、安全要求等，从而回答林先生的问题。

3.1.1　铝合金的分类

　　铝合金是汽车轻量化技术的重要材料，铝合金的密度低（$2.7g/cm^3$），仅为钢铁的1/3，铝资源广、质量小、可再生利用、节约资源，具有工艺性良好、吸收冲击性能好、耐蚀、易回收等特点，是综合性能很好的轻量化材料。典型的铝合金零件一次减重效果可达30%～40%，二次减重则可进一步提高到50%。用于车身上的铝合金主要是变形铝合金，主要有Al-Cu-Mg系（2000系）、Al-Mg系（5000系）、Al-Mg-Si系（6000系）、Al-Mg-Zn-Cu系等。铝合金材料如图3-1所示。

　　其中2000系列和6000系列是热处理可强化铝合金，而5000系列是热处理不能强化铝合金。前者通过涂装烘干工序后强度得到提高，主要用于车身外板等注重强度、刚度的部位，如车厢盖、发动机罩、提升式后车门、前端翼子板等；后者成形性能优良，主要用于车身内板等形状复杂的部位，如车厢底板结构件等。铝合金车身如图3-2所示。目前，低密度、高强度、高弹性模量和超塑性优良的Al-Li合金及铝防振板等已逐步应用于车身上。铝合金具有良好的成形性。铝合金车体结构主要采用以铝挤压型材为主体的空间框架结构，一般用中强度铝材便可满足要求。挤压型材主要是采用空心材，除重量轻、刚度高以外，高温强度、耐热性、耐蚀性也很好，而且可以进行焊接、表面处理和弯曲加工。

图3-1　铝合金材料

图3-2　铝合金车身

　　目前，铝质车身多采用厚壁锻铝梁焊接而成，就结构强度和刚度而言要比冲压薄钢更有优势,且结构的整体稳定性更好。轻量化且高强度的铝质车身比传统钢制车身更坚固,且不用担心腐蚀造成的强度降低。从铝板覆盖件的应用发展趋势来看,强度高、成形加工性好、表面质量优良的铝板将取代钢板成为汽车覆盖件的主要材料。20世纪90年代末期,就已出现了从发动机罩、翼子板等部分车身铝外板逐步发展为车身全部采用铝外板的轿车,相对钢板获得了减重40%~50%的效果。

1. 铝合金的应用形式分类

铝合金在汽车中应用的形式有铝合金铸件、铝合金锻件、铝合金挤压件、铝合金板材,其中铝合金铸件中又有砂型铸造、消失模铸造、半固态铸造、挤压铸造以及永久模铸造等形式。针对汽车用铝合金的发展方向主要是围绕提高强度、降低成本展开的。铝合金在汽车上的应用所取得的进展主要如下:

(1) 铝合金铸件 常用的铝合金为A356(美国牌号,相当于我国的ZL101),目前用最新工艺所取得的力学性能为:屈服强度为260MPa,抗拉强度为340MPa,伸长率大于6%。铝合金铸件如图3-3所示。

(2) 铝合金锻件 用于锻造的铝合金牌号主要为6061,屈服强度为340~390MPa,抗拉强度为380~440MPa,伸长率达到6%~9%。

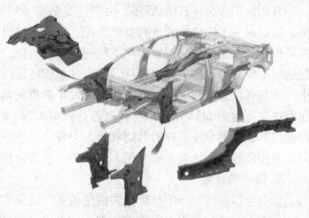

图3-3 铝合金铸件

(3) 半固态铸造铝合金 适于半固态铸造方式制造的汽车铝合金零部件主要牌号为A356、2618、7075、ZL201、6061、6063、ZL116等。应用半固态压铸可以取得高于液态压铸的强塑积,而接近于锻造铝合金的强塑积。

(4) 铝合金挤压件 铝合金的挤压件工艺方便,截面形状的可设计性强,在合理的截面设计下具有很高的冲击、吸能特性。

(5) 变形铝合金板材 汽车车身铝合金板材主要有两个系列,分别为5000系和6000系,可用于发动机罩、前翼子板、顶盖、车门、行李舱盖、动力电池壳体、车厢板结构和全铝车壳等。

2. 铝合金材料应用的要求

1) 具有良好的成形性,以保证铝合金能成功冲压成所需要的汽车零件。

2) 铝合金汽车板应具有抗时效稳定性,即在铝合金汽车板生产后,在常温保存时短时间内不应该产生时效,否则会影响冲压后铝合金表面的光鲜性。

3) 铝合金汽车板应具有良好的烘烤硬化性,以使铝合金在冲压构件成形后,进行油漆硬化烘烤时,屈服强度有较大的上升,从而提高铝合金构件的抗凹陷性。

4) 铝合金冲压制件应具有高的抗凹陷性,它是铝合金板材高的应变硬化特性和高的烘烤硬化特性的综合,这种特性是作为汽车外覆盖件所必需的特性之一。

5) 铝合金板材还应具有良好的冷弯性能和高的翻边延性,以保证铝合金冲压的内外板扣合时采用翻边工艺不发生开裂。

6）冲压表面应具有良好的光鲜性，即冲压表面变形均匀。

7）要有良好的涂装工艺性，最好能和现有的钢制冲压件的油漆线兼用。

显然，以上各种性能是相互矛盾、相互影响的，要满足各性能的合理匹配需要通过合理的成分设计（包括成分优化和微调，采用先进的成形工艺、优化的预处理工艺、先进的冷轧辊面毛化工艺，控制合理的组织、晶粒度大小，第二相的均匀分布和大小的控制等诸多技术的集成）才可以生产出性能良好的汽车用铝合金板材。汽车用铝合金的发展方向主要是提高强度、改善成形性能和降低成本三个方面。

3.1.2 铝合金的应用

1. 铸造铝合金

常用的铝合金材料为 A356，由于这类铝合金的铸态金相结构中常存有树枝状的结晶组织，从而影响了铸件的强度和韧性匹配，影响了这类铝合金铸件在运动构件中的应用。为改善铸件的组织、细化晶粒，采用了控制冷却的方法，同时细化和减少树枝状的结晶组织，目前这一工作已经取得了一定进展。我国某企业已用这种工艺制造商用车轮毂，目前正在试用中。为提高铸造铝合金的强度，我国开发了含铜的高强度铝合金，这种铝合金在 T6 状态下屈服强度可达到 285MPa，抗拉强度可达到 410.7MPa，伸长率可达到 10.8%。这类铝合金的性能已和锻造铝合金车轮的性能相当，但合金的价格和 A356 相比偏高，如果进一步优化成分，有望代替锻造铝合金做商用车的车轮，从而降低锻造铝合金车轮的成本。

2. 锻造铝合金

铝合金锻件在汽车中有广泛的应用前景，其中典型构件有悬架支撑和车轮，如图 3-4 所示。目前，大量的商用车车轮采用锻造铝合金，节能减排效果明显。

3. 半固态铸造

半固态铸造的优点是成本低（相当于铸造）、性能高（达到锻造性能）、模具寿命长、机械加工量小（实现近终成形）、适合成形复杂薄壁件、缺陷少等，成形件性能可以达到锻造水平。应用半固态压铸可以取得高于液态压铸 200GPa% 以上的强塑积，而接近于锻造铝合金的强塑积。在工艺成熟的条件下，有望用半固态压铸代替锻造工艺制造铝合金车轮，大大降低车轮的制造成本，从而推动铝合金转向节、车轮等在汽车上的推广应用。

图 3-4　锻造铝合金轮辋

4. 挤压铝合金

铝合金的挤压件工艺方便，断面形状可设计性强，在合理的断面设计下具有很高的抗冲击、吸能特性。挤压铝合金在汽车上的应用越来越广泛，目前以乘用车的前后保险杠最有代表性，应用挤压铝合金制造汽车零部件既可以满足冲击、吸能的要求，又可有效地减少构件的质量，减重率可达 40%～50%。挤压铝合金在国内拖挂车上的应用取得较大进展。

5. 形变铝合金板材

近年上市的铝合金板材车型，为多材料混合车身（钢铝混合车身）、全铝车身和钢铝混合车身，而其他钢铝混合车身车型的铝合金用量均在 20% 以内，多用于车身覆盖件以及前后保险杠防撞梁等。

> **小知识**
>
> **汽车车身用铝合金零件的关键制造技术**
>
> 汽车车身用铝合金零件主要有铸造（铸铝）连接件、覆盖件（板材冲压）、挤压型材骨架结构件、液压成形板材覆盖件和管材结构件等。普通冲压工艺加工铝合金，表面质量差，成品率低（只有70%左右），不能满足车身零件高精度、高可靠性、高效率和低缺陷制造的要求。汽车车身零件的液压成形技术在欧、美、日、韩等发达国家和地区的汽车产业中获得了大量应用，设备最高压力达到了400MPa，加工出的铝合金汽车发动机罩内外板、车门内外板及翼子板等覆盖件已装车应用。

3.1.3 汽车用铝合金的发展

世界各国针对汽车用铝合金的开发及产业化应用开展了一系列研究工作。美国密歇根大学建立了汽车轻量化材料数据库，其重点内容是关于铝合金铸造工艺性能和应用的设计基础。我国科学技术部也对铝合金板材、铝合金半固态成形技术进行了不同阶段的项目支持，国内主要铝合金板材生产企业也完成了铝合金汽车板轧制技术开发并试制了相应的铝合金汽车板材，进行了汽车零件试制和试生产，取得了满意的效果。半固态铝合金的工业应用有了一定的基础和进展，但暂时未进入产业化阶段。

目前，国外部分铝合金企业具有生产变形铝合金汽车板的能力和产品，国内有关科研单位和企业在国家"863计划"的支持下经过多年的努力，基本掌握了铝合金汽车板的生产技术，并试制了部分产品，成功冲压出了汽车构件。但是，要生产出质量稳定、满足用户要求的板材还需与汽车铝板生产单位做大量的工作，为进一步实现推广、应用，还需要铝合金应用单位开展深入的应用研究，包括先进的成形技术开发以及连接技术的研发和应用。

铝合金在汽车上的应用优势：

1）汽车轻量化，节能降耗，有利于环保。

2）汽车铝合金零部件回收再利用率高。铝合金熔点低，便于重熔回收，目前回收率不低于90%。

3）安全舒适。铝合金汽车是在不降低汽车容量的情况下减轻汽车自重，车身重心降低，汽车行驶更稳定、舒适。由于铝合金汽车轻便、重量小，故碰撞时的能量相对于钢体汽车小了许多。此外，由于铝合金材料性能及车身构造原因，铝合金汽车能充分吸收撞击时的能量，故而更加安全。

4）减少工序，提高装配效率。铝合金汽车采用整体构架，焊点少，减少了加工工序。铝合金整体车身比钢体焊接车身约轻35%，并且无须防锈处理，只有25%~35%的部件需要焊接，因而可大幅度提高汽车的装配速度。

5）提高燃油效率，加大载重能力。铝合金在汽车上的应用可大大降低车身的重量，相同的燃油，铝合金汽车比普通钢体汽车行驶的路程要远，提高了燃油效率。此外，减重的同时等于提高了汽车的载重量，可增大汽车的运输效率，降低运输成本。

铸造铝合金具有优良的铸造性能，可根据使用目的、零件形状、尺寸精度、数量、质量标准、力学性能等各方面的要求和经济效益选择适宜的合金和合适的铸造方法。铸造铝合金主要用于铸造发动机气缸体、离合器壳体、后桥壳、转向器壳体、变速器、配气机构、机油泵、水泵、摇臂盖、车轮、发动机框架、制动钳、液压缸及制动盘等非发动机构件。铝合金发动机气缸体如图3-5所示。

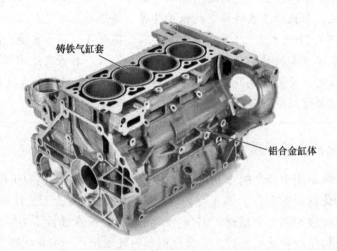

图3-5 铝合金发动机气缸体

1. 车身板用铝合金

铝汽车车身是汽车中用材量及质量最大的部件，约占汽车总质量的30%，所以汽车车身的轻量化对于减轻汽车自重具有重要的意义。用铝合金材料来制造汽车车身板，要求铝合金材料既具有一定的强度性能，又具有良好的冲压成形性能，还要具有良好的焊接性能、耐蚀性能。用于汽车车身板的铝合金主要有2000系、5000系、6000系铝合金。

2000系铝合金属于Al-Cu-Mg系，是一种热处理可强化的铝合金，具有优良的可锻性、较高的强度和良好的焊接性能，强化相为$CuMgAl_2$和$CuAl_2$。2000系铝合金具有很好的烘烤强化效应，但其耐蚀性则比其他系列的铝合金差。

5000系铝合金中Mg是主要的合金元素，固溶于铝板基体中，形成固溶强化效应，是一种热处理不可强化的铝合金。Al-Mg合金具有良好的耐蚀性和焊接性能，但退火状态的Al-Mg合金在加工变形时可能产生吕德斯线和延迟屈服，因此主要用于车身内板等形状复杂的部位。目前，HANV金属公司开发的HANV5182-O材料已用于汽车车身内板，如图3-6所示。

6000系铝合金中主要的合金元素是Mg和Si，并形成Mg_2Si相，属于热处理可强化铝合金。Al-Mg-Si合金具有较高的强度、较好的塑性和优良的耐蚀性。我国西南铝业集团（前身是西南铝加工厂）以此系铝合金为基础，研制和开发了高性能的汽车用铝板和铝型材。这种复杂断面形状的铝合金型材，不仅具有质量轻、强度高和抗冲击性好等特点，而且具有很好的挤压成形性能，容易制作，所以在汽车上将得到广泛应用。有数据表明：铝合金的冲压性能与钢相比已基本接近，某些方面甚至已超过钢材，可以替代钢用于汽车车身板，如图3-7所示。

模块3 铝合金和镁合金在汽车轻量化中的应用

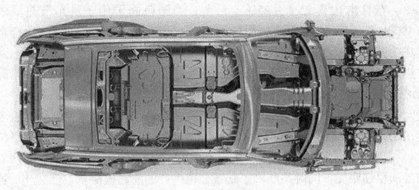

图 3-6 铝合金车身内板

2. 车身框架和保险杠用铝合金

奥迪公司推出的概念车用铝合金制作汽车车身框架和保险杠，能有效减重30%～40%，并与钢铁制件具有同等的抗冲击强度。目前，7000系T5铝合金的屈服强度和抗拉强度不仅比6000系T5和T6铝合金都高，而且大大超过了冷轧钢板，已逐步应用于制造汽车的安全保险和防冲撞系统。德国已成功研制出泡沫金属铝，用这种材料制造的汽车保险杠能最大限度地将两车的碰撞能量吸收掉，使汽车的安全性得到很大改善。铝合金保险杠如图3-8所示。

图 3-7 铝合金车身板

图 3-8 铝合金保险杠

3. 空调用铝合金

汽车空调的冷凝及散热系统，如压缩机、冷凝器、蒸发器和各种配管等都要求材料具有良好的焊接性能、易于成形、耐蚀性能好、强度高及导热性好等特点。空调冷凝器如图3-9所示。而铝合金在这方面的性能均优于现行采用的铜合金，并且铝散热器的重量比铜轻37%～45%，所以铝合金正在逐步用于汽车空调系统，如散热器的铝化率在欧洲已经达到90%～100%，在美国达

图 3-9 空调冷凝器

到60%~70%，在日本达到25%~35%。目前，美国研制了用于汽车散热器的AA3003、AA3004、AA5005和AA5052铝合金，而日本采用A3003、A6951和A1050铝合金用于散热器。我国已成功开发出了汽车热交换器用三层复合铝合金硬钎焊板带，其产品已经达到国外同类产品先进水平。

4. 发动机用铝合金

汽车发动机的气缸体和气缸盖均要求材料导热性能好、耐蚀性能高，而铝合金在这方面具有非常突出的优势。如美国通用汽车公司已采用全铝气缸套，法国汽车的铝气缸套使用率已经达100%，铝气缸体使用率达45%。日本日产公司VQ和丰田公司的凌志IMZ-FE V6均采用了铸铝发动机油底壳，同时某些汽车制造公司生产的发动机活塞、活塞环、连杆等均采用了铝铸件，如图3-10所示。

图3-10 发动机铝铸件

5. 车轮用铝合金

目前，国外铝合金车轮的使用率已经达到80%以上。铝合金车轮主要采用重力铸造、低压铸造等方法生产，但随着对轻量化的更高要求，用铝合金板材进行冲压加工、旋压加工来制造整体车轮和两部分组合车轮的工艺日益用于生产实际。例如，美国的森特来因·图尔公司用分离旋压法试制出整体板材（6061铝合金）车轮，比钢板冲压车轮重量减轻50%，并且旋压加工所需时间每个不到90s，不需组装作业，适宜大批量生产，经济效益好；我国西南铝业集团和日本轻金属株式会社合作用A6061合金生产出了$\phi 571.5mm \times 190.5mm$的汽车铝轮毂，如图3-11所示。

6. 铝合金在汽车上的发展

在轻量化金属中，镁合金密度虽比铝合金小，但镁锭成本较高，且零件制造过程中还有许多技术障碍，如缺少高温压铸合金和设计数据，表面处理技术粗劣，结合水平低等，所以目前在汽车上的使

图3-11 汽车铝轮毂

用量相当有限；而航空航天用的钛合金虽有高的机械强度，但制造工艺困难和制造成本昂贵，导致钛合金无法大批量地应用于汽车生产。铝合金在成本、制造技术、力学性能、可持续发展（地壳中铝含量最多，占8.1%）等方面综合性能好，因此铝合金是现在及将来汽车工业中的首选轻金属材料。

7. 新型铝合金在汽车上的应用

（1）快速凝固铝合金　快速凝固条件下（冷速达 104～109℃/s），材料将表现一些组织结构上的新特征：超细化的微观组织；提高合金的固溶度极限；成分的高度均匀、少偏析或无偏析；形成新的亚稳相等。基于这些特征，快速凝固铝合金在汽车行业得到广泛应用。住友电器公司利用快速凝固高硅铝合金（PM Al-Si-X）代替烧结钢，大批量制造汽车空调压缩机转子和叶片，使转子重量减轻 60%，整个压缩机重量减轻 40%；雅马哈汽车制造公司生产的快速凝固高硅铝合金活塞也投入市场，与普通铸铁活塞相比，重量减轻了 20%，寿命提高了 30%，而且显著降低了噪声；马自达汽车公司利用喷射沉积 Al-Si-Fe-Cu-Mg 合金制造了一种新型发动机转子，提高了发动机效率，能节油 20%。

（2）铝基复合材料　以陶瓷纤维、晶须、微粒等为增强材料，生产铝基复合材料，其比强度、比弹性模量、耐热性、耐磨性等大幅度提高，可用作发动机零件，如用粉末冶金法研制成功的 Al_2O_3 或 SiC 颗粒（晶须）增强的 Al-Si 系合金活塞，在保留 Al-Si 合金活塞优点的同时，可进一步改善活塞的强度、耐磨性、耐热性和抗疲劳性能。此外，颗粒增强铝基复合材料还可用于制造车辆发动机的气缸体、活塞和连杆等部件。

（3）泡沫铝合金　泡沫铝合金是一种在金属基体中分布有大量气泡的多孔材料，这种材料的重量更轻、强重比更高，并具有高的吸能特性、高的阻尼特性和吸振特性。将泡沫铝填充于两个高强度外板之间制成的三明治板材，在用于车身顶盖板时，可提高刚度、轻量化程度并改善保温性能，用在保险杠、纵梁和一些支柱零件上时，可以增加撞击吸能的能力，在实现轻量化的同时，提高了撞击安全性。

汽车工业中，零部件的轻量化与高强度对于汽车节能降耗、提高安全系数具有显著的作用，铝合金因为具有良好的成形性能和较好的强度、耐蚀性且成本低等优点，被越来越多地运用到汽车底盘、发动机及车身中。因此，提高汽车的用铝量，实现轻量化，已经成为当今汽车制造业技术进步的一个重要环节。预计在未来，国内外汽车工业对汽车用铝材的需求量会大大增加。

💡 **小知识**

液压成形工艺的优势如下：
1）减小毛坯尺寸，节约材料。
2）提高成形极限，减少成形道次。
3）零件的表面质量和尺寸精度大幅提高。
4）降低配套模具数量和成本。
5）减少后续机械加工和组装焊接量。
6）可以成形形状复杂、变形程度大、整体性要求高的零件。

板材温成形冲压技术用于车身铝板冲压仍存在不足，表现在以下方面：
1）成形性还需继续改善。
2）零件表面质量不够理想。
3）尺寸精度不容易掌握，回弹难以控制。

学习评价

一、根据所学知识填写表格（表 3-1）

表 3-1　部件名称、作用及安装位置

序号	部件图片	部件名称、作用及安装位置
1		
2		
3		
4		
5		
6		

（续）

序号	部件图片	部件名称、作用及安装位置
7		
自我评价		
掌握情况		

二、实践活动

1. 根据所学到的知识，对汽车应用了铝合金材料的部件、零件及其安装位置和同学们进行讨论，并了解这些部件的应用情况和作用。

2. 到实习车间了解铝合金的作用及应用情况。

学习讨论

1. 请你说一说铝合金在汽车上有哪些具体作用。
2. 请说一说铝合金材料的应用和发展情况。
3. 请说一说铝合金在今后汽车应用方面的发展前景。

3.2 镁合金

学习目标：通过本单元的学习，让学生了解镁合金材料在汽车上的应用和进展情况。

知识目标：
1. 了解镁合金材料的特性。
2. 掌握镁合金的分类方法。
3. 掌握汽车对镁合金材料的用材要求。
4. 国内镁合金在汽车上的应用情况。

技能目标：
1. 能对镁合金材料进行分类。
2. 能在实体汽车中指出镁合金材料应用到什么部件或安装的位置。

素养目标：
1. 了解镁合金材料运用在汽车方面的优势。
2. 了解镁合金材料在汽车工业的发展趋势。

导入案例：

林先生想购买一辆车身轻便、安全、省油的汽车，他想了解一下，目前有关汽车生产厂家是如何采用镁合金、环保工艺来制造生产汽车的，这些用新型材料做出来的车辆在节能、安全性能方面又如何。

案例分析：

此案例中我们需要掌握镁合金的特性，了解镁合金的分类以及镁合金材料如何满足汽车的结构要求、安全要求等，从而回答林先生的问题。

3.2.1 镁合金在汽车上的应用和进展

镁合金具有密度小（1.8g/cm³）、阻尼性能好、铸造流动性好等特点，在汽车上有着良好的应用前景。我国拥有丰富的资源，菱镁矿、白云石矿和盐湖水等优质炼镁原料的储量也十分丰富，是镁资源大国。经过40多年的发展，我国已成为世界上第一大镁生产国。从技术发展的角度看，镁合金正处于在汽车上批量应用的前夜，新型镁合金的开发及镁合金在汽车零部件中应用的相关技术已成为当前国内外研究的热点。

国外十分重视镁合金在汽车上的应用。2004年6月，美国、加拿大的相关机构和公司共同设立了一项汽车用镁合金中长期研究计划。2006年12月，北美汽车研究理事会（USCAR）发布了《2020年北美汽车用镁合金及轻量化战略展望》研究报告。该研究项目和行动计划由美国汽车研究理事会中的"汽车材料伙伴计划"支持和组织，得到了美国能源部的资金支持，以美国克莱斯勒、福特、通用三大汽车公司为主体，来自美国能源部、加拿大资源部、北美材料和零部件供应商、大学及科研机构的61个成员单位共同参与。此次发布的报告相当于一个行动纲领和计划，历时两年研究后对外发布，将汽车用镁合金的议题分解为163个有待研发的项目，提出了研发的方向与目标，并在联盟组织下开展合作攻关。

汽车产品中镁合金用量较多的地区主要是北美、欧洲。目前，欧洲正在使用和研制的镁合金汽车零部件已超过60种，单车镁合金用量为9～20kg；北美正在使用和研制的镁合金汽车零部件已超过100种。我国汽车用镁合金产业的总体技术水平不高，平均单车用镁量不足1kg。

我国政府十分重视镁合金在汽车上的应用，在"十五"和"十一五"期间，国家科技支撑计划都对镁合金开发及产业化应用给予了大力支持，但受成本和成形技术的限制，目前用量还十分有限。目前，主要集中在壳体类，如变速器壳体以及铸造镁合金零件方面的应用，其中最成熟的零件是压铸镁合金转向盘骨架。

镁合金具有将结构部件重量减小70%的潜力。

汽车零部件常用的镁合金主要有AZ（Mg-Al-Zn）系、AM（Mg-Al-Mn）系、AS（Mg-Al-Si）系和AE（Mg-Al-RE）系四大系列，应用广泛的仍然为铸造镁合金。目前，已开发应用的镁合金及其汽车零部件见表3-2。

表3-2 汽车常用镁合金及其零部件

镁合金牌号	汽车零部件
AZ91D	手动变速器、进气歧管、后窗框、门内框、辅助转动支架、离合器壳、反光镜支架、机油滤清器壳体、气门罩和凸轮罩、制动踏板、转向柱支架、变速器上盖、操纵装置壳、气缸盖罩、前端齿轮室
AZ61	行李架骨架、立柱梁

(续)

镁合金牌号	汽车零部件
AZ31	轮毂
AM50A	座椅框架
AM60B	转向盘芯骨、电器支架、仪表梁骨架、转向盘、散热器支架、前照灯托座、座椅框架、轮毂
AS41B	自动变速离合器活塞及定子、变速器壳体
AE44S	变速器壳体、油底壳、发动机托架

镁合金在室温和高温下的强度和韧性不能满足汽车零部件的性能要求，提高镁合金强韧性是扩大镁合金在汽车产业中应用范围的有效途径。以现有镁合金为基础进行合金化，加入微量元素（如 Ca、Sr、Ba、Sb、Sn、Pb、Bi 以及稀土元素等）是研制新型镁合金的主要方法。Mg-Al 系合金是汽车产业中应用最为广泛的一类合金，为改善镁合金的韧性、耐高温性、耐蚀性，以 Mg-Al 系为基础发展形成了 AZ、AM、AS、AE 系列合金。AZ91D 镁合金作为成熟的商业应用镁合金，是 AZ 系列镁合金的代表之一，目前在汽车产业中应用最为广泛。目前，镁合金正逐渐在原有合金系的基础上由二元、三元向多元化发展，这将是未来提高镁金综合性能的主要趋势。

3.2.2 镁合金在汽车上的应用现状

镁合金材料制造的汽车零部件品种繁多，从汽车的运动部件（如车轮），到汽车的结构部件（如汽车座椅框架），再到承受高温的耐高温部件（如缸体），这些零部件的共同特点是承受的机械和化学负载较小。镁合金材料经常用来制造支架、壳体、端盖或堵盖类零件等。由于镁合金材料具有极好的铸造流动性能，因此非常适合制造横拉杆之类的薄壁结构件和大面积的车辆内部结构件，如车门和前、后舱盖等。金属镁的物理化学特性使其比铝更适合压铸大型部件，最常采用镁合金材料的零部件有：

1）转向轴。全球 50% 的转向轴采用了镁合金材料。

2）横梁。欧洲产轿车总共使用了约 6000t 的镁合金材料。

3）变速器壳体。大众公司 B 型车架的轿车中每天使用约 600 个镁合金材料制造的变速器壳体。

原则上讲，镁合金材料主要用于汽车内部结构的驱动系统中，镁铝合金气缸体如图 3-12 所示。

尽管每千克镁锭的价格要比铝和铁贵一些，这一价格上的劣势因镁合金材料生产加工过程中的费用低廉而得以弥补，单位体积的镁熔化潜热只有铝的 2/3，比热容只有铝的 3/4，并且有非常低的溶铁性，因此总价格比铝合金材料仅高出 20% 左右。镁合金材料不足之处就是耐蚀性差、抗蠕变性能差、刚性较差。在镁合金

图 3-12 镁铝合金气缸体

零部件的生产制造过程中，有许多问题需要解决，例如：在浇注时要克服不良的（冷）变形问题，镁合金材料在实际应用中还有外部裸露件的锈蚀问题，还有在不同材质零件混合运输过程中都要注意提高镁合金的抗接触腐蚀能力以及防止金属镁的自燃等问题。

汽车用镁及镁合金部件包括仪表盘、支架、座位框架、导向轴部件、变速器、气缸头外壳、进气歧管等非结构件。开发中的镁及镁合金汽车部件开发包括车篷板、结构支架、后甲板盖、内车门框架、发动机头、发动机主体等。仪表盘骨架如图 3-13 所示。

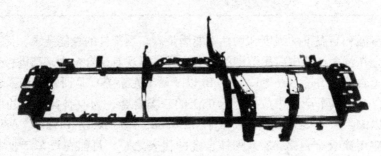

图 3-13　仪表盘骨架

3.2.3　镁合金在汽车上的应用前景

世界交通运输车辆总的趋势是轻量化，以达到节能降耗的目的。未来汽车不管选用何种动力，都必须轻量化，尤以轿车最为突出。轻量化、节能降耗和降低排放污染是发展轿车的三项战略性课题，其中轻量化是关键。因此，轻量化是汽车的发展趋势。

在铝材和塑料已被广泛应用、汽车排放法规日趋严格、节能降耗更为迫切的新形势下，世界汽车业把目光投向镁合金，认为它是比铝合金和塑料更为优良的轻质材料，对汽车的减重效果更明显、节能降耗更有效、环境保护更有利。镁比铝更轻，是工业实用金属结构材料中最轻的金属。镁具有高的比强度和比弹性模量，良好的刚性及抗电磁干扰屏蔽性，以及优于铝的切削加工性和尺寸稳定性，高的阻尼性能和减振抗冲击能力。镁合金材料可回收利用，在当今世界环保意识高涨的今天，能高度回收利用的材料和制品将日益受到重用。因此，镁合金是减重节能、吸振降噪、安全环保型汽车结构材料，在汽车上最有应用潜力，它是汽车工业最有发展前途的轻金属结构材料。

3.2.4　国内镁合金在汽车上的应用

我国采用铸造镁合金已有 30 多年的历史，主要用于航空航天工业的飞机机轮、壳体、机座等，在汽车行业则起步较晚，目前仅有十余家企业从事镁合金压铸件的生产和研究。我国研究者通过在 AZ 系合金中加入钙、硅、锑、锡、铋、稀土等元素，研制成功一系列新型高温抗蠕变镁合金。通过这些合金元素的微合金化作用，使 AZ91D 镁合金从原来只应用于汽车的结构部件（阀套、离合器壳体、转向盘轴、凸轮罩、制动托板支架等）扩大到高温部件（齿轮箱、曲轴箱、发动机壳体、油底壳等）。上汽、一汽、二汽以及长安汽车公司都在研究和开发镁合金，在汽车应用领域发挥了重要作用。在国内上汽最早将镁合金应用在汽车上。20 世纪 90 年代初，上海大众公司首次在桑塔纳轿车上采用镁合金变速器壳体、壳盖和离合器外壳。目前，桑塔纳轿车镁合金变速器外壳年用镁量达 2000t 以上，镁合金汽车压铸件生产和应用技术已经十分成熟。镁合金踏板支架压铸件已经开始批量生产供货。电动汽车镁合金电动机壳体零件全部通过台架试验，正在进行装车试验。目前，桑塔纳轿车使用镁合金量约为 8.5kg/辆。

一汽开发了抗蠕变镁合金，可用于制造高温负载条件下汽车动力系统部件，还成功开发出气缸盖罩盖、制动踏板、转向盘、增压器壳体、传动箱罩盖等镁合金压铸件，并已应用于生产。一汽奥迪汽车的高技术控制系统集中使用镁合金材料，减重 27kg。

二汽结合我国汽车零部件压铸生产企业设备现状，开发研究镁合金冷室压铸工艺生产汽车零件的全套技术。研发的镁合金零部件包括载重汽车制动踏板、变速器上盖、制动阀壳体、真空助力器隔板、发动机汽室罩盖，以及富康轿车用的转向盘芯、气缸体罩盖、进气管、门锁芯壳、转向支架等系列产品。

> 💡 **小知识**
>
> **汽车部件有哪些是用镁合金构成的？**
>
> 在汽车中主要应用镁合金的压铸件，镁合金压铸件的 80%～90% 是应用在汽车工业上的。镁合金在汽车上的应用主要是制造扬声器盘、采煤车的轮心、货车轮毂、曲轴箱、传送箱、叶片罩和发动机托架、液压泵、发动机支架和机体、配电器和头灯托架、风机叶片、凸轮轴盖、油过滤器、离合器壳体油盖、变速器壳体等。此外，还开发出燃油泵、联轴器壳体、化油器壳体、变速齿轮壳体、气缸盖、差动齿轮箱、变速手柄、四轮传送箱等。总体来看，汽车用镁合金的 23% 用于制造仪表板托架，18% 用于转向柱，19% 用于仪表板横梁，15% 用于制造变速器外壳，这几项应用最多，约占车用镁合金的 68%。

3.2.5 汽车用镁合金材料产业的国内外发展现状及趋势

汽车用镁正以年均 20% 的增长速度迅速发展，世界各大汽车公司都把已采用镁合金零件的数量作为自身产品技术领先的标志。镁及其合金在轻量性、比强度、导热性、减振能力、贮能性、切削性、可回收性以及尺寸稳定性等方面都有独特优势。近年来，随着高纯镁合金制造技术的成熟以及采用 SF$_6$ 等气体保护的熔炼技术的成功运用，镁合金耐蚀性差的问题也基本得以解决。因而，在国外市场上用镁合金制作的数码相机、摄像机、便携式计算机、小型 CD 播放机、液晶投影仪、手机等电子产品以及移动通信等部件的框体已屡见不鲜，在运动器材领域中的应用也在逐步扩大。从保护环境的立场，近年来对可持续发展要求呼声的日益提高，用镁替代塑料制品以利于回收、替代 Fe 和 Al 以减重，将其列为重点发展的与环境友善的绿色环保材料。镁在汽车领域中再次引起了人们的高度关注。镁合金的发展虽然远未达到铝合金那么成熟，但是人们很早就已经认识到它是一种有潜在发展前景、性能优异的候选实用金属材料。2000 年原镁实际产量已达 43 万 t 左右，目前世界原镁年产量已超过 55 万 t，大部分（70% 左右）镁及镁合金以铸件或压铸件的形式用于汽车、摩托车的仪表盘、齿轮箱壳、车身零件，以及家电、电子器件、文体器材、摄像机壳等民用产品。

1. 汽车用镁合金零部件的技术发展趋势

世界上用于汽车的油耗量占世界交通运输系统的 70%～80%，占世界石油总消耗量的

20%左右。随着世界能源危机与社会环境污染问题的日趋严重,节能和轻量化已成为汽车及摩托车等交通工具的重要问题。车体重量的大小对其能耗起着重要的作用,为满足环境保护和节省燃料的要求,通常采取降低车体重量来达到节能降耗的目的。镁的密度是铝的2/3,锌的1/4,不到钢或铸铁的1/4,对于含30%玻璃纤维的聚碳酸酯复合材料来说,镁的密度也不超过它的10%。因此,为降低车辆的自重以减少能源消耗和污染,镁合金作为一种轻量材料正越来越多地被应用于汽车零部件的生产制造业。据测算,汽车所用燃料的60%消耗于汽车自重。汽车重量每降低100kg,每百千米油耗可减少0.7L,汽车自重每降低10%,燃油效率可以提高5.5%,如果每辆汽车能使用70kg镁合金,则CO_2的年排放量将减少30%以上。近年来,世界各国尤其是发达国家对汽车的节能和尾气排放提出了越来越严格的限制,迫使汽车制造商采用更多高新技术,生产重量轻、耗油少、符合环保要求的新一代汽车。世界各大汽车公司已经将采用镁合金零部件作为重要的发展方向。随着汽车工业的飞速发展,镁合金在欧洲、美国、日本等发达国家汽车工业中的应用出现了持续增长的势头,1991年全球汽车已使用镁合金2.5万t,1995年为5.6万t,2000年的使用量则达到14.5万t,已占全球镁压铸件的80%。镁合金材料获得了广泛的应用,现在这种趋势正在向更广泛的方向发展。预计在未来的7~8年中,欧洲汽车用镁将占镁总消耗量的14%,且今后将以每年15%的速度递增,汽车工业已成为镁合金应用增长的主要驱动力。

镁合金用作汽车零部件具有以下优点:

1)重量减轻可以增加车辆的装载能力和有效载荷,同时还可改善制动和加速性能。

2)镁合金压铸件具有一次成形的优势,可以将原来多种部件组合而成的构件一次成形,可以大大提高生产率和零部件的集成度,降低零部件的加工和装配成本,提高汽车设计灵活性,同时还能减少制造误差和装配误差。

3)镁合金具有非常优异的变形及能量吸收能力,采用高塑性镁合金可以提高汽车抗振动及耐碰撞能力,改善汽车的刚度,大大提高汽车的安全性能。

4)可以提高废旧零部件的回收率。有资料显示,镁合金的循环使用并不影响材料的使用性能,而且再生镁的能耗小,仅为镁矿石冶炼能耗的百分之几,十分有利于环保和节约资源。

5)提高燃油经济性综合标准,降低废气排放和燃油成本。

6)镁合金材料具有较高的振动吸收性,对振动的阻尼能力优于铝和钢。因此,对于汽车上一些做重复运动、断续运动的零部件,采用镁合金材料,可吸收振动,延长使用寿命。

镁合金作为实际应用中最轻的结构金属,能够满足汽车行业日益严格的节能和尾气排放要求,从而生产出重量轻、耗油少、符合环保要求的新一代交通工具。

2. 汽车用镁合金零部件的应用现状

目前,汽车中镁合金的主要应用是壳体和支架类的零部件。用镁合金制造壳体类零件,不仅可以减小重量,而且由于镁合金的阻尼衰减能力强,因而可以降低汽车运行时的噪声。各汽车公司生产的壳体类零件有曲轴箱、气缸箱、传动轴外壳、变速器壳体、离合器壳体、滤清器壳体、阀盖、阀板、驾驶室仪表板等。虽然目前商业应用的镁合金还不能用作汽车上的强受力部件,但却可以胜任支架类次受力结构部件,如转向盘、风扇架、转向支架、挡泥板支架、制动支架、灯托架、制动器及离合器踏板托架、座椅架、轮毂等。镁合金作为结构件还有其突出的优点,由于比强度高,因此可以在相同重量下获得较高的强度,而且阻尼性能良好并具有很高的抗冲击韧性,尤其适用于制造经常承受冲击的部件。如转向轴经常承受较大的转矩，座椅架和轮毂长时间承受冲击，采用阻尼性良好的镁合金后，既减轻了汽车的自重，又提高了汽车行驶过程中的平稳性和安全性。到目前为止，已经开发和应用的镁合金汽车部件，在汽车上得到广泛运用，特别是在高档轿车和特殊用途的车辆中。大排量汽车中的用镁量也呈增长态势。在跑车、厢式车、SUV等车型中，虽然镁制件的成本较高，但由于其重量轻，能够抵消成本高的缺点。

目前镁合金在汽车工业上的应用状况是，每辆车的使用量在0.5~17kg之间变化，平均使用量是每辆车3kg。德国大众汽车公司帕萨特轿车目前用镁量为14kg，约占车重的1%，不久将可能增至30~50kg。镁合金在大众公司的汽车上主要应用于驱动设备和内部结构件。随着技术的发展，镁合金结构件应用的数量将会增加。奥迪A6轿车单车的镁合金压铸件总用量目前已达14.2kg，其未来的目标是将单车的镁合金总用量增至50~80kg。美国通用和福特汽车公司预计在今后的20年内每辆汽车的镁合金用量将从目前的3kg提高到100kg。

镁合金件主要用于汽车的传动系统、发动机系统、底盘系统。

3. 汽车用镁合金材料产业的未来展望

我国镁资源相当丰富，储量居世界首位，而且产镁的地区大都电力充足，熔炼用辅料——硅铁资源丰富，具有发展镁工业得天独厚的条件。目前我国镁用量很少，尤其是汽车工业用镁量极少，供大于求，故镁大量低价出口。同时，我国镁合金牌号、品种规格较少，无自成体系的压铸镁合金，零件制造成形技术落后，这与我国镁资源优势很不相称，既影响到镁工业的发展，又制约着镁合金材料在汽车上的合理应用。因此，研究开发汽车用镁合金及其零件的先进制造技术，是契合国情，既现实又有发展前景并亟待研究的重要课题。我国应重点开发镁资源，扩大其在工业上的应用范围，并应紧跟世界汽车用镁合金的趋势，开创具有中国特色的汽车用镁合金新局面。

据相关报道，大众公司、通用汽车公司、日产公司、马自达公司、三菱公司等汽车公司联合对新开发的耐热镁合金进行经济和技术评估，对镁合金在汽车上的应用十分看好。变形镁合金及其加工技术正在成为镁合金研究和应用领域的热点，包括镁合金等的通道转角挤压技术。镁合金超塑性研究的重要研究方向是：

（1）高应变速率超塑性　对于节约能源、提高生产率、扩大应用都有很重要的意义。

（2）大晶粒工业态镁合金超塑性　研究晶粒较大的工业态镁合金在一定条件下的超塑性，因其不需要预加工可节约能源，故将有更大的应用前景。

（3）镁合金低温超塑性　研究镁合金在较低的温度下进行超塑性变形。

> 💡 **小知识**
>
> **镁合金的特点**
>
> 轻量化一直是汽车行业不断推进的技术方向。当前，随着全球新能源汽车的发展，轻量化更是重中之重。汽车轻量化主要体现在汽车的优化设计、合金材料及非金属材料的应用上，其依次为汽车减重10%~15%、30%~40%、45%~55%。
>
> 镁合金是以镁为基础加入其他元素组成的合金，是最轻的金属结构材料，具有重量轻、吸震性能强、铸造性能好、自动化生产能力和模具寿命高、尺寸稳定等优点，不仅适合铸造汽车零部件，也是最有效的汽车轻量化材料。

学习评价

一、根据所学知识填写表格（表3-3）

表3-3　汽车零部件名称、作用及安装位置

序号	部件图片	汽车零部件名称、作用及安装位置
1		
2		
3		
4		
5		
6		
自我评价		
掌握情况		

二、实践活动

根据所学到的知识，和同学们讨论汽车用镁合金材料产业的国内外发展现状及趋势。

> **学习讨论**
>
> 1. 请讨论镁合金用于汽车零部件具有哪些优点。
> 2. 请讨论镁合金材料主要用于汽车的什么系统。
> 3. 请大家说一说汽车镁合金材料产业的未来发展趋势。

模块 4
碳纤维复合材料在汽车轻量化中的应用

学习指南

通过本模块的学习，让学生在学习轻量化应用的基础上，认识碳纤维复合材料，了解它是如何生产的，以及碳纤维复合材料如何满足各种不同的要求。

本模块学习的重点是让学生掌握碳纤维复合材料具有的优良物理和力学性能，熟悉碳纤维复合材料的材料性能及发展趋势。

学习建议

可用资源	☑PPT	☑视频讲座	☑培训频道
	☐专家讲座	☐其他	
学习方法	听讲、观察、实操、现场考评、课堂讨论		

4.1 认识碳纤维复合材料

学习目标：认识碳纤维复合材料，了解它是如何生产的，以及碳纤维复合材料如何满足各种不同的要求。

知识目标：1. 了解碳纤维复合材料。
2. 了解碳纤维复合材料的成型工艺。
3. 了解碳纤维复合材料运用在汽车方面的优势。

素养目标：1. 了解碳纤维复合材料运用在汽车方面的优势。
2. 了解碳纤维复合材料在汽车工业的成型工艺。

> **导入案例：**
> 林先生想购买一辆车身轻便、安全、省油的汽车，他想了解一下，目前有关汽车生产厂家如何应用碳纤维复合材料，这些碳纤维复合材料用在汽车上有什么优点，主要的碳纤维成型工艺有哪些。

模块4 碳纤维复合材料在汽车轻量化中的应用

> **案例分析：**
> 案例中我们需要知道如何应用碳纤维复合材料制造生产汽车，这些碳纤维复合材料的各种成型工艺有哪些。

4.1.1 碳纤维复合材料的分类

当代高科技产物大多出自军事领域，碳纤维复合材料也是一样。在20世纪50年代，世界强国都开展了对太空领域的探索，碳纤维复合材料应运而生。随着科技的不断进步，碳纤维复合材料制品也进入了平常人的生活中，小到羽毛球拍大到汽车，无处不见碳纤维复合材料的身影。碳纤维复合材料的强度高于铜，自身密度却小于铝。与玻璃纤维相比，碳纤维还有高强度、高模量的特点，是非常优秀的增强型材料，它不仅可以对塑料、金属、陶瓷灯材料进行增强，还可以作为新型的金属材料进行应用。碳纤维复合材料的主要特点有高强度、耐疲劳、抗蠕变、导电、高模量、抗高温、耐腐蚀、传热、密度小和热膨胀系数小等。碳纤维复合材料轮毂如图4-1所示。

常用的碳纤维复合材料主要有以下几种：

（1）碳纤维树脂复合材料　环氧树脂、酚醛树脂和聚四氟乙烯是目前被最多应用于基体的树脂材料。这类复合材料的密度比铝小，强度还很高，其弹性模量要大于铝合金和钢，并且疲劳强度高，冲击韧性好，同时抗水和湿气，化学稳定性高，摩擦系数小，导热性好，还具有受X光线辐射时强度和模量不变化等特点。总之，其性能要高于玻璃钢，所以被广泛应用于航天工程。但这类材料也有很大的不足，作为复合材料，碳纤维与环

图4-1　碳纤维复合材料轮毂

氧树脂、酚醛树脂和聚四氟乙烯等材质的黏结力不够大，而且各向异性强度高，在高温环境下不稳定。

（2）碳纤维金属复合材料　碳元素不容易在常温条件下和金属发生反应，只有在高温情况下才会生成金属碳化物，所以碳纤维金属复合材料比较不容易制作。目前使用的碳纤维金属复合材料大都熔点低，但是其自身良好的强度和弹性也要高于普通金属，最显著的事例就是碳纤维和铝锡合金形成的复合材料。这种材料的耐磨性十分优越，主要被应用于高级轴承材料。例如，这种材料最先在法国的高速铁路中被应用于高速列车的制动装置，由于其较强的耐磨和抗损性，使得法国高速列车的制动装置处于世界先进行列。

（3）碳纤维陶瓷复合材料　碳纤维陶瓷复合材料是由石墨纤维和陶瓷复合而成的，其密度低，高温强度和弹性模量很高，耐磨性、耐蚀性和韧性良好。例如，碳纤维增强氮化硅陶瓷可在1400℃环境下长期工作；碳纤维增强石英陶瓷的韧性比纯烧结石英陶瓷大40倍，抗弯强度大5~12倍，能承受1200~1500℃气流的冲击等。碳纤维陶瓷复合材料主要作为高温材料和耐磨、耐蚀材料，如喷气飞机的涡轮叶片等。碳纤维及其复合材料具有较高的刚度质量比，这有利于刚性驱动系统部件的结构轻量化。到2025年，碳纤维将大量用于大批量车辆的生产中。到2050年，汽车领域的材料供应商将具有性能/功能驱使的设计和制造所

需的材料、工具和知识。

4.1.2 碳纤维成型工艺

碳纤维材料成型主要有两种，一种是热固化成型，另一种是热塑性成型。

热固化成型是指将碳纤维按不同方向、不同层数铺设出制品形状，在一定压力和温度下固化成型。

热塑性成型是将热塑性塑料片材加热至软化，在气体压力、液体压力或机械压力下，采用适当的模具或夹具使其成为制品的一种成型方法。

较常见的复合材料成型工艺有以下几种：

（1）裱糊成型工艺　裱糊成型工艺是用手工将预浸料裱糊在模具上，然后固化成型。此方法最大的优点是工艺装备简单，手工完成比较复杂的操作，能加工出形状复杂的零件，适用于小批量生产；缺点是生产效率低，劳动条件差，劳动强度大。采用该工艺制出的碳纤维整体车架，表观质量尚可，但尺寸精度较差，工艺稳定性差。

（2）纤维缠绕成型工艺　纤维缠绕成型工艺是开发最早的连续成型工艺，即纤维通过树脂胶槽浸上树脂后按照一定的规律缠在转动的芯模上，然后经加热使胶液固化成型。它的一个突出特点是能够按照制品的受力情况，将纤维按一定规律排布，从而充分发挥纤维的强度，获得轻质高强的制品。在工艺上能实现连续化、机械化生产，并且生产周期短，生产效率高，劳动强度小，适用于制造圆柱体、球体及某些正曲率回转体或筒形制品。

（3）拉挤工艺　拉挤工艺是发展速度较快的一种成型工艺，即纤维通过树脂槽浸渍树脂后进入加热模具固化，制成各种各样不同形状的型材。其优点是能一次压制出形状复杂、尺寸准确的零件，生产效率高，但工艺装备复杂，不适于制备批量小、尺寸大的产品。

（4）树脂传递模塑工艺　树脂传递模塑工艺是20世纪90年代最热门的一种成型工艺，即先将增强材料做成预成型件放入封闭模具中，在真空和压力的条件下，树脂被注入模具而固化成型，其特点是：

1）工艺过程简单，避免了预浸料这一中间环节。
2）低压注胶，节约了附加设备的费用。
3）封闭式模具操作，作业环境清洁。
4）易于实现自动化和计算机控制。
5）制件表面质量好。

因此，树脂传递模塑工艺有很好的发展前景。

（5）三维编织成型工艺　三维编织的过程是参加编织的所有纤维都沿同一方向排列，然后每根纤维束都沿自己的方向偏移一个角度互相交织形成织物的过程。采用三维编织的复合材料具有整体性和力学的合理性两大特点，其在剪切强度、抗冲击损伤特性等方面均优于传统的层合复合材料，因此采用编织结构的复合材料发展迅速。三维编织分为圆机和方机两种，用这两种机器可以编织出许多复杂的编织物，但这些复杂形状大多来源于两种基本形状——长方体和厚壁的圆管。

4.1.3 铺层设计

铺层设计是碳纤维复合材料成型的关键，包括铺层角度、铺层顺序、铺层层数的设计，而且铺层设计是直接决定材料性能和强度的主要工序。在构件的设计中要优先考虑支撑杆轴向的膨胀系数的要求,还要考虑其强度,并且要针对材料的实际实用性和加工方式,所以一般的铺层方向都分为轴向铺设和沿管周铺设两种形式。复合材料的各向异性十分突出,这就决定了物理性和力学性都要集中在碳纤维轴向,碳纤维轴向与径向的线膨胀系数为 $-0.3 \times 10^{-6}K^{-1}$ 和 $12 \times 10^{-6}K^{-1}$,所以通过不同的铺层比例设计就可以得到膨胀系数。在计算中因基体树脂为同性材料,所以就会忽略基体树脂的膨胀变形。当轴向纤维和径向纤维的层数比为3:2时就可以使复合材料在轴向达到膨胀系数要求,最后再根据复合材料杆的强度和铺层工艺性能要求来最后决定铺层的先后顺序。

4.1.4 热缩工艺

采用热缩管并利用其自身特性对复合材料进行压实就是热缩工艺。热缩工艺主要对树脂进行软化,当热缩管达到收缩温度的同时就会出现口径收缩变形并被压实的现象。所以在高温固化的状态下热缩材料可以很好地将热压力进行传递,并可以消除皱折对复合辅助材料的影响。热缩工艺需要一定的温度环境,以保证收缩和压实的质量。热缩工艺中最重要的质量参数是加热时间和温度。在确定热缩工艺时以热缩材料的收缩性能为根据,并充分考虑模具的热容滞后因素,对具体的复合材料制件灵活运用。热缩材料的主要应用方式为外加热,使用设备如酒精喷灯、热电吹风,条件允许可以使用烤箱。注意在加热的时候要对温度严格控制,保证低温和短时间加热,避免对树脂体系凝胶性能的影响。

4.1.5 表面质量分析

应用袋压工艺成型的管件经常会出现皱折、富胶和条纹等现象,所以在进行复合材料铺层的同时必须对预浸料叠层块施加足够的力,以避免出现复合材料松散和结构尺寸加厚的问题。在工序中要注意在成型时期对各层复合材料进行加压,保证树脂的排出。碳纤维复合材料的质量问题都出现在加压的工序中,所以在操作时必须十分注意。在复合材料叠层块压紧的过程中壁厚将减小,其周长也会相应减小,这时就会出现松弛、纤维被压弯打折的情况,再加上成型的预浸料叠层块原料本身就带有一定的皱折和条纹,固化后自然会出现问题。所以,在铺层工艺时一定要最大限度地压实复合材料层,避免出现外观质量问题。在对辅助材料的选择上一定要控制皱折率,其主要控制方法有热缩工艺和预吸胶工艺。

4.1.6 验证碰撞模型

当前用于预测碳纤维复合材料碰撞的模型是不准确的,因此当采用碳纤维复合材料轻量化结构时,设计人员必须通过超裕度设计结构来确保安全,但此超裕度设计同时也增加了材料、成本和重量。在降低成本的同时,设计部分还可通过准确的碰撞模型最大限度地提高性能。开发碰撞模型的第一步是验证确定技术差距的现有模型。美国汽车材料合作伙伴有限责任公司正在验证碳纤维复合材料保险杠所使用的碰撞模型,该团队设计了复合材料保险杠,并通过与实验结果对比来评估碰撞预测。这个工作包括开发无损检测和评估,以进一步评估碰撞造成的复合材料损伤。

💡 小知识

碳纤维复合材料具有许多优良性能,用于汽车上有明显的优势,主要表现在:

1) 密度小,强度高。碳纤维复合材料在常用材料中比强度和比模量最高,用于车身及底盘能在减轻车重的同时不损失强度或刚度,汽车安全系数不降低。

2) 韧性好,具有良好的抗冲击性和能量吸收能力,用于车身及其结构件具有良好的碰撞安全性。

3) 阻尼高,抗振性能好,用于车身、传动系统及发动机部件具有良好的减振、隔音效果,提高了乘坐舒适性。

4) 抗疲劳性能极佳,用于承受疲劳载荷的汽车零部件能有效延长其使用寿命。

5) 优秀的耐热性、耐蚀与抗辐射性能,在电动汽车和其他新能源汽车领域应用具有很强的竞争力。

6) 成型工艺多,可设计性好,易于实现零部件一体化生产,极大缩短开发周期,节约成本。

📊 学习评价

一、根据所学知识填写表格(表4-1)

表4-1 汽车零部件名称、作用及安装位置

序号	部件图片	汽车零部件名称、作用及安装位置
1		
2		
3		
4		

模块4　碳纤维复合材料在汽车轻量化中的应用

（续）

序号	部件图片	汽车零部件名称、作用及安装位置
5		
自我评价		
掌握情况		

二、实践活动

根据所学到的知识，谈谈对汽车用碳纤维复合材料及其成型工艺的理解。

> 学习讨论
>
> 1. 请说一说汽车用碳纤维复合材料具有哪些优点。
> 2. 请说一说碳纤维复合材料有多少种成型工艺。
> 3. 请说一说对汽车采用碳纤维复合材料的看法。

4.2　汽车用碳纤维复合材料的发展状况及需解决的问题

学习目标：1. 让学生在学习轻量化应用的基础上，认识碳纤维复合材料，了解它是如何生产的，以及碳纤维复合材料如何满足各种不同的要求。
　　　　　 2. 掌握碳纤维复合材料具有的优良物理和力学性能，了解碳纤维复合材料的发展状况。

知识目标：1. 了解碳纤维复合材料部件的发展状况。
　　　　　 2. 了解碳纤维复合材料应用在汽车零部件面临的问题。
　　　　　 3. 了解碳纤维复合材料的物理和力学性能。

素养目标：1. 了解碳纤维复合材料应用在新能源汽车上的情况。
　　　　　 2. 了解碳纤维复合材料在汽车工业中的成型工艺。

> **导入案例**：
>
> 　　林先生想购买一辆车身轻便、安全、省油的汽车，他想了解一下，碳纤维复合材料在汽车上的应用前景，以及开发碳纤维复合材料汽车零部件面临的问题。

> **案例分析**：
>
> 　　案例中我们需要知道碳纤维复合材料部件的作用和特点，以及开发碳纤维复合材料汽车零部件面临的问题。

4.2.1 碳纤维复合材料的性能及发展趋势

碳纤维复合材料的性能及发展趋势顺应了汽车工业的发展需求，特别是随着新能源汽车的发展，碳纤维复合材料在汽车上将得到越来越广泛的应用。在欧美国家，车辆中复合材料的用量约占本国复合材料总产量的 1/3，主要应用在汽车覆盖件（四门两盖等）、次承力构件、车身等部位，其用量呈逐年上升趋势。

碳纤维复合材料由于其独具的强度和刚度特性，可以取代钢用于汽车的主承力结构。世界知名汽车制造商纷纷采用碳纤维复合材料零部件制造汽车。2014 年，宝马 i3 和 i8 的上市开创了碳纤维复合材料在量产车型大规模应用的新纪元。宝马 i3 和 i8 作为一款零排放电动车，正是由于采用了碳纤维复合材料打造的车身，整车重量仅为 1255kg，完美解决了由于电池重量而带来的车辆重量大增、车辆驾控敏捷度降低的问题。宝马 i8 如图 4-2 所示。

随着我国汽车工业的发展，复合材料在我国汽车工业中的应用广度有了突破，汽车复合材料的年用量为 10 万 t 左右，但主要是应用于非承力结构的玻璃钢复合材料，汽车复合材料厂家普遍规模较小。碳纤维增强环氧树脂复合材料在大型商用飞机和高性能汽车主承力结构件上的成功应用表

图 4-2　宝马 i8

明，复合材料完全可以取代金属被用于汽车车身结构中。目前，国内整车企业也纷纷开始尝试采用碳纤维复合材料零部件替换传统金属零件。国内整车企业纷纷开始着手调研复合材料研发和制造企业，着手启动面向量产的复合材料零部件的设计和研制，逐步开始为量产做充分准备。由于有承力要求，汽车用复合材料零部件（尤其是承力件，如传动轴等）需要对材料以及部件进行重新设计。近年来，中航复材充分发挥自身在设计、材料、制造等方面的优势，先后为整车企业研发了汽车发动机舱盖、行李箱盖、尾翼、重载汽车板簧、客车板簧、重载汽车传动轴、全复材承载式大巴车身、全复合材料油罐等产品，部分产品已经通过了测试验证。

国内车企与科研单位联合先后研发出四代碳纤维复合材料示范电动车。前两代通过逆向工程设计技术，采用碳纤维复合材料对已有车型的覆盖件以等代设计法进行替代，验证了碳纤维复合材料的减重效果，以及碳纤维复合材料覆盖件的制备与装配技术。在前两代车的设计制造基础上，后两代车通过正向设计制造，对整车进行结构设计，验证了全碳纤维复合材料主结构部件的设计、制备和装配连接技术，进一步探索了碳纤维复合材料整车的设计、制造、装备和性能测试技术。这四代车的研发为碳纤维复合材料在汽车工业的产业化应用积累了宝贵的经验，开启了国内碳纤维复合材料汽车应用的新起点。

国内在连续碳纤维复合材料轻量化汽车制造产业方面才刚刚起步，处于前期技术探索和积累阶段。中航复合材料有限责任公司（简称中航复材）已与中国一汽联合成立"汽车用先进材料联合实验室"，与北汽联合成立"汽车用先进材料技术中心"，旨在开展汽车用复合材料零部件的研发和工程化应用；与长安汽车、比亚迪集团也在开展合作，面向新能源汽车开展复合材料零部件的研发和研制。中航复材先后开发了系列汽车零部件（复合材料板簧、传动轴、轮毂等动部件和发动机盖、行李箱盖、尾翼等覆盖件）和国内第一台全复合

材料大巴车身。中航复材于2014年承担了国家"863"项目——"CCF-3级碳纤维复合材料在交通和能源领域规模化应用技术"。该项目以快速固化树脂及预浸料为主要材料体系，以快速模压及真空辅助成型（VARI）为主要工艺，通过全复合材料纯电动客车车身为领先示范应用考核与验证，显著降低高性能碳纤维复合材料的成本，大幅提升复合材料构件的制造效率，实现国产碳纤维复合材料在交通领域的推广应用，未来将带动1000t/年的碳纤维工程化应用，推动我国碳纤维复合材料相关行业持续发展。尽管近年来国内在碳纤维复合材料技术上取得了长足的发展，但与国外汽车复合材料技术发展与规模化应用相比还存在很大差距，具体表现在以下方面：

1）需求牵引不足。由于市场缺乏消费动力，政策配套还不健全，汽车制造商并未从新能源汽车高投入中获得高收益，严重制约了生产积极性，投入资金开展新能源汽车生产后，难以实现大规模产业化。受整个新能源汽车产业发展现状的制约，碳纤维复合材料在新能源汽车上的应用基本处于探索研究阶段。

2）碳纤维方面的差距。虽然近年来我国碳纤维产能快速放大，但与国外相比差距依然存在，如国产原丝大多杂质含量高、质量不够稳定、离散系数大，成本还需进一步降低。

3）复合材料制造技术的差距。满足快节拍、低成本制造的相关材料和自动化装备滞后。汽车产业的特点要求复合材料制造过程中既要满足性能要求，又要满足快节拍生产和低成本制造，还要发展配套的维修材料和维修工艺。目前，国内已经有满足低成本要求的碳纤维材料、快速制造的树脂材料和配套工艺材料，而且为之开发了快速制造整套数字化、智能化工艺装备，保证了汽车复合材料零部件的快速可重复精确制造。国内相关材料虽然也在研发，但尚未形成标准和实现工业应用。

4）设计开发和试验技术落后，能力不足。目前，复合材料设计软件均来自国外，包括复合材料设计、工艺仿真、力学性能分析的系列仿真软件。由于汽车复合材料研究在我国刚刚起步，目前缺少设计、分析和仿真所需的可靠材料和工艺数据，还不能准确、完整地定义载荷和环境条件要求，汽车复合材料结构损伤模式和失效准则还难以确定，汽车复合材料结构试验方法、判据和试验装备缺乏，既懂汽车又懂复合材料设计的人才稀缺，这些方面都需要在后续研发和应用中逐步积累和完善。

5）汽车用复合材料维修技术尚未全面开始研究。基于纤维变角度牵引铺缝（Variable Angle Tow，VAT）技术的修补材料及修复补强技术需进一步推广。

6）工业化的复合材料回收再利用技术还不成熟。该技术尚未形成一条完整的复合材料回收利用产业链，需尽快开展碳纤维复合材料废品的循环利用技术的研发工作，提高碳纤维产品的利用效率。

高性能复合材料要在汽车上实现规模化应用，首先需要设计和构建基于量产的复合材料汽车零部件快节拍制造系统解决方案。目前，不管汽车主机厂、汽车零部件企业，还是复合材料零部件制造企业，都没有现成的基于量产和低成本制造的系统解决方案。构建该解决方案需要首先突破以下关键技术：材料—设计—制造一体化产品设计技术，低成本、快速固化的材料（或低工艺成本材料）技术，低成本、自动化连续集成制造工艺技术，产品（或元件级）关键性能试验技术，配套修补材料和修复技术，复合材料循环利用与回收技术。

国家推动碳纤维复合材料在汽车产业中的应用不仅必要，而且越来越显紧迫。从推动新材料等战略新兴产业发展方面来看，国家引导汽车工业和碳纤维材料产业相互结合也具有更加深远的意义。碳纤维—复合材料—应用这个产业链涉及多个学科、多个领域的基础科学问题与应用技术问题，具有交叉性强的特点，亟待国家进行全面的顶层设计、分类管理，组织强强联合、集智攻关，共同构建整车企业—碳纤维原料—复合材料制造企业的联合团队，突破设计、材料、制造、验证、装备等一系列关键技术，打造基于量产的复合材料汽车零部件快节拍制造系统解决方案，逐步实现汽车行业对于复合材料从不会用到会用，从简单用到用得好的转变。

4.2.2 国内外碳纤维复合材料汽车的发展状况

美国在21世纪初率先制订"2002~2011年汽车轻量化、节能化和环保化计划"，由此带动欧亚各大汽车生产国及厂家纷纷效仿并制定出相应的发展规划。2013~2015年，美国主要汽车厂家、碳纤维厂家和有关动力电池生产厂家联手共同开发的碳纤维复合材料混合动力及电动汽车陆续小批量投产。美国通用汽车公司早在1992年就开发了超轻概念车，该车车身采用碳纤维复合材料，整体车身的质量为191kg。2008年福特汽车公司为燃料电池汽车开发出一款碳纤维复合材料行李舱盖，这不仅降低了整车重量，并且将碳纤维材料在车身外覆盖件上的应用可行性又推进一步，成为该车亮点。福特燃料电池汽车如图4-3所示。

由于碳纤维复合材料具有重量轻、强度高、可设计性好、零部件一体化、耐冲击、耐腐蚀等优点，因此碳纤维复合材料在汽车行业内具有较明显的应用优势，目前国内外汽车及零部件厂商都在积极地进行研究应用。

日本新能源、产业技术综合开发机构（NEDO）在其"防止地球变暖的新技术开发计划"中，选择东丽和日产汽车共同研

图4-3　福特燃料电池汽车

发碳纤维复合材料汽车，目标是使车体比应用钢材时减重50%，反映安全性的抗冲击吸收性能提高1.5倍，而碳纤维复合材料车体成型周期为10min以内。

汽车产业历来是全球持续发展的产业之一，但由于汽车与日俱增的保有量及产量的激增，对不可再生的燃油的消耗及环境污染带来了巨大压力，面对油耗问题及相关废气排放相应指标的法令限制，必须采用众多创新技术，限时攻克节能减排的各类难关。近年来，性能优良、全面的碳纤维复合材料在汽车产业应用领域的扩大，为其拓展了一条新路。事实表明：碳纤维复合材料是汽车工业轻量化道路上必须选择的主要材料，是汽车界"瘦身革命"的领导者，是能帮助汽车产业通过节能减排关口可靠的支持者，不仅对轻量化目标的实现可以产生革命化的作用，而且可以赋予汽车绿色化性能。但是，碳纤维复合材料的高量产应用受到成本、循环时间、材料加工回收性等多重挑战，在实施中必须精心开发众多的创新技术和采用高难度的设计技巧才能达到理想的目标。在各国政府的大力支持下，已经开始形成"碳纤维复合材料供应商+零部件供应商+主机厂"的联盟式产业化布局，并正不断逐一突破车用碳纤维复合材料应用量产化的各个困扰环节，在原料及加工技术的低成本化，零部件

及车体制造技术的规模化、自动化，结构设计的先进化、一体化，报废零部件回收循环再利用方面取得了进展。

随着国家重视度的提高，我国在碳纤维复合材料汽车领域的研究近年来也取得重要突破。中国科学院宁波材料技术与工程研究所、化学研究所等单位联合承担的中国科学院知识创新工程重要方向项目——碳纤维增强热塑性复合材料结构件成型技术研究课题。该项目研制出具有完全自主知识产权的连续碳纤维复合材料快速热压成型成套装备，能够实现连续碳纤维复合材料汽车部件的自动化制备，效率达到56件/天，并分别采用APA6及PCBT热塑性单体经原位聚合成型制备出大尺寸复合材料汽车底板。该项目突破了碳纤维增强热塑性复合材料结构件成型关键技术，在复合材料体系、热压成型工艺、液态成型工艺、设计技术、连接技术以及关键装备等方面取得重要进展。

2014年9月在上海举行的第20届中国国际复合材料展览会上，中国科学院宁波材料技术与工程研究所和奇瑞汽车有限公司联合打造的碳纤维复合材料电动汽车是国内首款车身主体由碳纤维复合材料制作的车型，车身仅218kg（减重48%），整车减重15%，有效减少污染物排放的同时显著提高了汽车的抗冲击性能和操控性。此外，由烟台鼎立汽车部件有限公司自主研制的我国第一台碳纤维复合材料客车车身，已通过国家汽车技术检测中心的检测，车身强度完全符合甚至超过国家检测标准。

4.2.3 汽车应用碳纤维复合材料待解决的问题

碳纤维复合材料在轻量化领域尤其是航空航天领域得到广泛应用，也是汽车轻量化最为理想的材料，但要在汽车上大批量应用，还需解决以下各方面的问题。

1. 成本问题

成本高，是制约碳纤维复合材料在汽车中批量应用的一个重要因素。碳纤维复合材料成本高主要表现在两个方面：一是碳纤维复合材料生产成本较高；二是碳纤维复合材料的原材料成本较高，主要是碳纤维价格太高，目前市场每千克价格在120元人民币以上，是玻璃纤维价格的10倍以上。另外，与碳纤维配套的树脂体系主要是环氧类树脂，价格也较高。因此，要想使碳纤维复合材料在汽车轻量化中大量应用，首先要降低碳纤维的生产成本，通过改进原丝生产工艺，降低原丝成本；发展新的预氧化、碳化和石墨化技术，缩短预氧化时间，降低碳化、石墨化成本，从而达到降低碳纤维成本的目的。其次，要加强碳纤维表面处理技术的研究，以及与碳纤维配套的树脂体系研究，拓展碳纤维复合材料根据产品需要设计树脂体系的范围，以达到降低碳纤维复合材料成本的目标。

2. 成型问题

成型问题生产效率有待提高。目前，碳纤维复合材料主要应用于军工和体育休闲产品，其生产工艺相对于汽车的产量来说，成型效率偏低，成型成本偏高。宝马公司采用了高压RTM工艺生产碳纤维复合材料车身，产品生产周期能达到10min左右。只有解决了碳纤维复合材料汽车产品的生产效率问题、生产成本问题、质量稳定性问题，才能满足汽车大批量、质量稳定的生产要求。

3. 设计问题

碳纤维复合材料不同于传统的金属材料，碳纤维复合材料具有自身的材料特性，复合材料产品应根据复合材料的特点进行设计，充分发挥材料性能，如宝马i3采用了模块化结构设计，即一个模块中采用若干个零件分开成型然后进行连接整合成一个模块。我国在汽车设计方面一直是弱项。对复合材料来说，主机厂更是没有经验积累，也没有数据积累，没有设计规范、验证标准，在这种情况下，宝马的模式值得我们学习。主机厂应该牵头，联合原材料厂家、复合材料生产厂家以及高校、院所进行合作设计开发。

4. 维修问题

汽车在使用过程中避免不了会有磕磕碰碰，一旦发生碰撞就会遇到修复问题，对传统金属材料的修复，4S店维修人员已经是轻车熟路，而对碳纤维复合材料汽车，其修复工艺与传统材料存在较大差异，碳纤维复合材料的修复专业性较强，修复人员必须具备一定的专业基础。因此，为了便于修复，应加强修复专用材料的研究与开发，开发出使用方便、容易操作的修补材料。

汽车工业采用碳纤维复合材料替代金属材料是提高汽车性能，使节能、安全达标，实现汽车轻量化的有效途径之一，目前已在汽车车身及其他位置得以运用，并且运用比例越来越大，随着以后工艺技术的提升及单价的降低，碳纤维复合材料将拥有更大的市场。碳纤维复合材料在汽车领域的应用必将越来越广泛，同时也必将推动整个汽车产业及其相关产业的快速发展。

💡 小知识

聚丙烯腈（PAN）原丝质量问题

高质量的原丝才能生产出高质量的碳纤维，换言之，如果原丝质量低劣，容易在碳化过程中产生毛丝绕结甚至断丝问题，这样不仅会影响碳纤维质量，而且增加制造成本。一般用2.2kg质量合格的原丝可以生产出1kg的碳纤维，而质量差的原丝生产出1kg的碳纤维需要2.5kg甚至更高，这些都增加了碳纤维的生产成本，制约了市场竞争能力。

我国碳纤维的发展瓶颈，很大程度上在于PAN原丝生产能力和技术落后。目前，我国PAN原丝生产规模普遍在2000t以下，相比国外发达国家，生产能力较低。PAN原丝生产效率较低，且原丝规格比较单一，所制碳纤维质量指标可达到通用级T300碳纤维水平，适用于常规复合材料制件的加工制造。高强度中模量T800、T1000碳纤维原丝生产尚处于研制阶段，其物理性能和国外同类产品相比，还存在较大差距。通用级T300碳纤维预浸料在材料的工艺性、物理性能、质量上往往不能满足工业生产的要求，所以，更为先进的高强度中模量T800、T1000碳纤维的技术攻关已经成为我国急需解决的问题。

🖥 学习评价

一、根据所学知识填写表格（表4-2）

表4-2 汽车零部件名称、作用及安装位置

序号	部件图片	汽车零部件名称、作用及安装位置
1		

（续）

序号	部件图片	汽车零部件名称、作用及安装位置
2		
3		
4		
5		
自我评价		
掌握情况		

二、实践活动

根据所学到的知识，谈谈汽车用碳纤维复合材料今后的发展趋势。

学习讨论

1. 请讨论如何最大限度地发挥碳纤维的性能。
2. 请讨论如何降低制造碳纤维复合材料的成本。
3. 请讨论汽车用碳纤维复合材料今后的发展趋势。

模块 5
汽车各总成轻量化技术路径

学习指南

通过本模块课程的学习，让学生了解汽车轻量化是一个复杂、系统的工程，涉及汽车的各个总成和诸多零部件，掌握新能源汽车各总成轻量化的材料应用与技术路径。

通过本模块课程的学习，让学生在了解汽车轻量化发展背景、国内外汽车轻量化发展状况、汽车轻量化技术路径的基础上，掌握车身轻量化、底盘轻量化、传动系统轻量化、发动机轻量化、电子电器系统轻量化、空调轻量化、发动机附件轻量化、外饰零件轻量化、电动机及动力蓄电池轻量化等基础知识，学会各总成轻量化的材料应用和技术路径。

本模块课程学习的重点是让学生掌握各总成轻量化的材料应用和技术路径，难点是学会区分各种轻量化材料之间的优缺点以及轻量化技术路径。

学习建议

可用资源	☑PPT　　☑视频讲座　　☑培训频道
	☐专家讲座　　☐其他
学习方法	听讲、观察、实操、现场考评、课堂讨论

5.1 整车轻量化

学习目标：了解汽车整车轻量化并非简单地将汽车重量减轻，而是在保证整车的强度和安全性能的前提下，尽可能地降低汽车整车重量，同时要保证汽车整车的制造成本在合理范围内。

知识目标：1. 了解汽车用新材料的特点及在汽车结构中的应用。
2. 了解高强度钢的分类与应用。

技能目标：1. 能区分汽车轻量化所使用新材料的种类及优缺点。
2. 能根据所学知识分析汽车轻量化的研究方法。

素养目标：培养学生发现问题、分析问题的能力。

导入案例：
　　李先生之前了解到汽车轻量化是一个复杂、系统的工程，涉及汽车的各个总成和诸多零部件，尽管汽车各总成对整车轻量化的贡献不同，但面对巨大的减排压力，需要将车辆各部分的轻量化技术同步推进。他想了解一下乘用车各总成占整车重量的比例是多少。

案例分析：
　　乘用车各总成占整车重量的比例如下：白车身+四门+两盖大约占比27.19%，内、外饰件大约占比22.60%，动力与传动系统大约占比22.52%，底盘大约占比20.43%，空调大约占比2.67%，电气系统大约占比4.59%。

5.1.1　车身轻量化

1. 材料应用

（1）高强度钢　高强度钢在白车身中的应用越来越多。为了满足用户对汽车性能的需求，传统的高强度钢和先进高强度钢在将来会越来越多地应用于车身上。高强度钢主要用于车身内、外板以及车身结构件，这些位置采用高强度钢替代普通强度钢与汽车轻量化、降低成本关系密切，同时高强度钢的应用可以有效提升车身的安全性。先进高强度钢在汽车超轻钢车身先进概念车上应用，在减重、节能、提高安全性、降低排放等方面展现了良好的应用前景和竞争力。虽然在成形中面临着回弹等问题的挑战，但与其他替代材料相比，高强度钢还是性价比最好、最具吸引力的材料。汽车车身钢结构如图5-1所示。

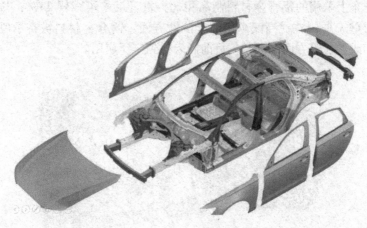

图5-1　汽车车身钢结构

（2）铝合金　汽车用铝材料皆为铝合金。铝合金在车身上的应用始于20世纪90年代，以奥迪汽车公司推出的全铝空间框架（Audi Space Frame，ASF）车身为主要代表。奥迪汽车公司在20世纪80年代就开始研发铝合金车身，并提出了奥迪全铝车身框架的概念，推出了相应的铝合金车身车型Audi100与第一代奥迪A8、奥迪A2。除奥迪汽车公司外，很多其他公司也推出了全铝车身车型，如捷豹XJ、新路虎览胜、奔驰S级车等。图5-2所示为奥迪A8全铝车身结构，除B柱外，其余车身结构件及覆盖件皆为铝合金材料。

图 5-2 奥迪 A8 全铝车身结构

变形铝合金在汽车车身零件及结构件的应用方面发展较快，如应用日益广泛的铝合金行李舱盖、发动机舱罩盖、后背门、保险杠横梁等。随着快速凝固铝合金、粉末冶金铝合金、超塑性铝合金、铝基复合材料和泡沫铝材等新材料的开发与应用，未来铝合金在汽车上的应用范围将进一步扩大并将呈现铸件、型材、板材并举的局面。预计未来铝将成为仅次于钢的第二大汽车用材料。

（3）镁合金　目前，镁合金在汽车车身上的使用主要集中在转向盘骨架、仪表板骨架、座椅骨架等零部件上。在白车身结构件上还没有量产应用的案例，仅有克莱斯勒某车型做过该方面的尝试。图 5-3 所示为采用镁合金制成的车身板件。采用镁合金材料制成的车身板件与目前多在豪华车上采用的铝合金材料制品相比，重量最多可减轻 33%；与传统钢材制品相比，最多可减重 75%。在提高汽车燃油经济性方面，镁合金材料被寄予厚望。但由于镁合金在耐蚀性和成形性等方面的限制，目前尚未得到广泛应用。

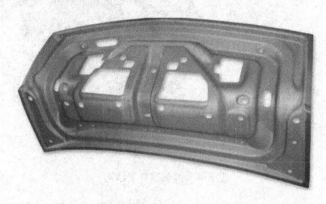

图 5-3 采用镁合金制成的车身板件

（4）复合材料　汽车工业应用的复合材料，首先用于保险杠的制造，而后用于生产变截面弹簧板以替代钢板，之后又用于生产"四门两盖"。复合材料被大规模用来生产车身是在 20 世纪 80 年代中期以后。1990 年以后，福特汽车公司和克莱斯勒汽车公司都相继开发出复合材料汽车。复合材料具有许多金属材料所无法比拟的优点：密度低，比强度、比模量高；材料性能具有可设计性；制品结构设计自由度大，易实现集成化、模块化设计；耐蚀性、耐久性能好，隔声降噪；可采用多种成型工艺，模具成本低；A级表面，可省去喷涂等工序；投资少，生产周期短。

目前，基于对汽车轻量化的迫切要求，从成本和性能方面综合考虑，可用于车身结构件的复合材料以树脂基碳纤维增强复合材料为首选。碳纤维复合材料在汽车上主要可应用于发动机舱罩盖、翼子板车顶、行李舱盖、门板和底盘等结构件中。碳纤维复合材料最初主要用在赛车上，随着车用复合材料技术的不断发展成熟，现在已广泛地应用于超级跑车和豪华轿车。与铝合金构件相比，环氧树脂基碳纤维增强复合材料减重可达50%。目前，用于车身的碳纤维已从传统的单向丝、双向编织物，发展到利用发辫原理制造绳索或带子的编织技术制造多轴中空的碳纤维预制体，可获得多种形状结构的车部件。图5-4所示为宝马i3电动汽车上碳纤维复合材料的应用情况。

图5-4 宝马i3电动汽车上碳纤维复合材料的应用情况

2. 车身轻量化技术路径

图5-5所示为轻量化优化设计流程。借鉴这一流程，结合我国实际，分阶段制定出我国车身轻量化技术路径。

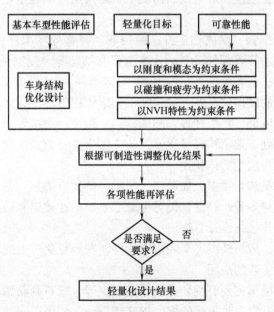

图5-5 轻量化优化设计流程

注：NVH是指噪声（Noise）、振动（Vibration）与声振粗糙度（Harshness）。

> **小知识**
>
> **如何在车身轻量化的同时保证车身的强度？**
>
> 实现的方法有两个，一是使材料利用得更有效率，二是采用更轻或更强的材料。车身作为汽车的主要承载件，需要保证足够的刚度、强度和疲劳耐久性能，从而使整车具有良好的安全、抗振动噪声和耐久性能。很多人会混淆刚度、强度和疲劳耐久性能，其实三者不是一回事。刚度指的是材料抵抗外力变形的能力，通常在车身开发中特指材料在屈服前的弹性特性，良好的刚度是整车 NVH 性能、车辆动力学性能和疲劳耐久性能的基础，常见的评判指标有车身扭转刚度等。强度是指零件受到冲击载荷发生屈服后仍能维持功能的能力，常用于车身碰撞安全性、耐冲击等性能的评估。疲劳耐久性能是指零件受长期交变载荷后维持功能的能力，车辆的可靠性、耐用性就是基于此进行评估的。从材料的基础性能上来说，刚度与材料的弹性模量相关，基本上材料种类确定，弹性模量也就确定了。比如采用高强度钢并不会提升车身的刚性，因为钢的弹性模量都一样。强度与材料的屈服强度和断裂强度相关，为了提升车辆的安全性能，现代车身设计大量采用高强度钢就是这个原因。而疲劳耐久性能与材料的疲劳曲线相关，当然，在车辆上，更重要的是与焊点或其他连接方式的疲劳性能有关。

5.1.2　底盘轻量化

汽车底盘包括副车架、悬架、转向系统和制动系统。各系统的结构、作用、使用状况、受力情况及所占重量比例等存在诸多方面的区别，轻量化技术的运用情况也有很大不同。由于结构轻量化技术的限制以及它的潜力不大，底盘设计在保证底盘强度、刚度、耐噪声、振动与声振粗糙度、操控稳定性、舒适性的前提下，多采用材料轻量化手段。其中，悬架系统的轻量化程度最高。

悬架系统主要有控制臂、横向稳定杆、减振器、弹簧等零部件；转向系统主要有转向节、转向盘、车轮、轮胎等零部件；制动系统主要有制动盘、制动钳、制动鼓、制动管路、制动踏板、真空助力器、驻车手柄、ABS、ESP 等零部件。

副车架是底盘重要的结构件，一般以传统工艺形式钢板冲压焊接而成，国际上采用的轻量化措施主要有内高压成形、铝板冲焊、整体铸铝、铝型材焊接等，目前应用最多的还是铝合金铸造的工艺形式。副车架结构轻量化设计的方法主要是拓扑优化，优化标准为工况加权应变能最小，约束条件为模型的体积比。

控制臂可选材料及工艺均很多，如铸铝、锻铝、铸铁、锻钢、单片钢板冲压、双片钢板冲压焊接等。就目前趋势来看，轻量化设计主要还是集中在铸铝和锻铝的使用上，设计方法采用与副车架相同的拓扑优化设计方法。

螺旋弹簧、稳定杆、后扭转梁属于底盘性能件，在轻量化时主要考虑轻量化材料的应用及零件新结构和成形新工艺的应用。

制动系统轻量化的措施主要有铝合金制动钳、支架、塑料制动踏板和通风式制动盘等零部件。目前，正在研究开发重量更轻的铝、钢连接混合结构通风制动盘。

底盘轻量化材料主要有铝合金、镁合金、高强度钢、复合材料等。六大类材料的总和约占汽车自重的90%：钢占55%~60%，铸铁占12%~15%，塑料占8%~12%，铝占6%~8%，复合材料占4%，陶瓷及玻璃3%。在近年投放的一些中高级车型底盘中，钢铁材料的比例在逐渐降低，某些高级车型上轻质材料的应用比例已超过50%。

目前，汽车底盘上最常用的几种轻量化材料分别为高强度钢、铝合金和复合材料。其中，高强度钢又分为传统高强度钢和先进高强度钢两大类。传统高强度钢包括固溶强化钢、烘烤硬化钢及微合金钢，主要应用在底盘结构件上。先进高强度钢主要有双相钢、复相钢、相变诱导塑性钢和马氏体钢，应用在对强度要求非常高的结构部件上。

汽车底盘上各系统的轻量化技术路径并不相同。

(1) 副车架　A级车采用高强度钢冲压焊接副车架实现轻量化，内高压成形技术成本较高，应用受限。C级车采用铝副车架、内高压成形、高强度钢实现轻量化。B级车轻量化技术路径处于两者之间，根据需要确定副车架轻量化总体目标：一是逐步掌握强化铝合金材质副车架的设计开发技术并应用，形成相关技术规范；二是推广内压技术在副车架上的应用。

(2) 悬架用螺旋弹簧　目前，在德国进行研发并且应用于实车上的复合材料（FRP）弹簧引起行业内广泛关注。前悬架系统中所用的钢制弹簧每个重量设定为2.66kg，而FRP弹簧重量仅为1.53kg，减轻了40%以上的重量，但在性能上毫不逊色。随着对复合材料研究的深入及成形工艺的日趋成熟，复合材料弹簧将成为轻量化的一个重要部分。

螺旋弹簧轻量化总体目标：研究弹簧复合材料的性能、成形工艺和产品性能及评价方法，开发可供高端车型使用的复合材料弹簧。

对比新旧款奥迪A4的悬架可以发现，前悬架设计基本保持不变，依然是类似于双叉臂悬架的五连杆结构，新款车去掉了下H摆臂，变为一根基本平行于后轴的大托臂。螺旋弹簧的位置由减振器的前部（车头方向），移到了减振器的内侧（后轴方向）。新款车采用了轻量化的铝制材料，并且在部件造型上也有变化，以达到提高结构件刚性和轻量化的目的。另外，防倾杆由前部移到了后部。从整体上来看，新悬架无论在材质还是在结构设计上均实现了轻量化，如图5-6所示。

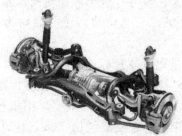

a) 2008款奥迪A4后悬架　　　b) 全新奥迪A4后悬架

图5-6　轻量化前后的奥迪汽车后悬架

(3) 悬架控制臂　A级车采用高强度钢和集成式球头实现轻量化；C级车采用铸铝和锻铝控制臂实现轻量化；B级车轻量化技术路径处于两者之间，根据需要确定。

控制臂轻量化总体目标：逐步掌握锻铝控制臂的设计开发技术并应用，形成相关的技术规范。

（4）横向稳定杆　A级车由于成本压力和市场应用现状，暂不建议采用空心稳定杆技术；C级车采用空心稳定杆技术达到轻量化目标已经成为一种趋势，建议对空心稳定杆技术进行研发，并应用于后续的C级车产品中，在稳定杆研发方面达到国际先进水平；B级车轻量化技术路径处于两者之间，根据实际需要确定是否采用空心稳定杆。

横向稳定杆轻量化总体目标：实现空心稳定杆设计开发及试验验证，并应用于量产车型。

（5）转向节　A级车建议采用铸铁材料，通过结构优化设计实现轻量化；C级车建议采用铸铝和锻铝转向节实现轻量化；B级车轻量化路径处于两者之间，根据需要确定。

转向节轻量化总体目标：掌握铸铝和铝转向节的设计开发关键技术和评价方法，并应用于量产车型，制订相关技术规范。

（6）后架扭转梁　国内A级车后悬架扭转梁仍主要采用钢板冲压+空心管组合结构形式，内高压或热成形技术应用较少；国内C级车不采用扭转梁式半独立悬架形式，无扭转梁配置；国内B级车部分车型采用高强度钢板冲压焊接或内高压成形扭转梁结构，部分车型也不用扭转梁式半独立悬架，后扭转梁采用内高压成形技术，高强度钢实现轻量化较普遍，热成形使用较少。

后扭转梁轻量化总体目标：建议开展高强度钢管内高压成形扭力梁产品的试验及应用方面的研究工作，并在量产车型上应用；研究并逐步掌握热成形后悬架扭转梁设计开发关键技术。

（7）车轮　A级车建议采用铝合金轮毂方案实现轻量化，钢车轮采用高强度钢实现轻量化；C级车建议采用铝合金铸造、铝合金锻造、镁合金锻造实现轻量化，如图5-7所示；B级车轻量化技术路径处于两者之间，根据需要确定。

车轮轻量化总体目标：采用铝合金锻造工艺，逐渐应用镁合金、碳纤维复合材料车轮。

（8）转向器　国内A级车市场转向器绝大多数采用铝壳体钢管方案，全铝壳体降重不明显，两方案之间成本差异不大；国内C级车液压转向器基本采用铝壳体+钢管方案，而电动助力转向器均为全铝壳体设计。

转向器轻量化总体目标：采用全铝壳体、中空齿条、铝制转向外拉杆，逐渐应用镁合金转向器壳体。

（9）转向柱　国内A级车主要采用机械转向器、实心转向柱、钢制固定支架结构，部分电动助力转向器的转向柱下固定支架采用铝合金结构，可通过采用

图5-7　铝合金轮毂

中空式转向柱实现轻量化；国内C级车市场转向柱上固定支架绝大部分采用铝合金结构，部分转向柱下固定支架采用钢结构。

一般采用中空转向柱及铝制固定支架实现轻量化，德系部分高端车型（宝马、奔驰）还采用铝制转向中间轴来实现轻量化。

转向柱轻量化总体目标：应用中空旋锻转向柱、铝合金转向柱固定支架、铝制转向中间轴。

（10）制动系统集成化　制动系统集成化是未来制动系统轻量化的发展方向。国内A级车市场普遍采用传统真空助力器、真空泵（真空度不足的条件下）组合的制动系统形式；国内C级车市场大部分车型采用传统真空助力器、车身电子稳定系统（ESP）、真空泵组合的形式，少数车型采用无真空泵的液压助力器系统，或进一步采用ESP与液压助力器集成的制动系统。因技术较新，制动系统集成化暂时没有明显的轻量化优势，且依赖于供应商。

（11）制动盘　国内A级车制动盘的结构形式几乎全部为整体铸铁式；国内C级车市场制动盘的结构形式几乎全部为铸造式通风制动盘，如图5-8所示。

制动盘轻量化总体目标：逐渐开发应用组合制动盘，例如钢盘帽+铸铁摩擦环制动盘或铝盘帽+铸铁摩擦环制动盘。因国内的生产资源有限，组合式制动盘成本很高，近几年仍然无法应用在自主品牌C级车上，但它对轻量化的贡献非常可观，现已使用在奥迪A8L等D级车上。

（12）制动钳　A级车限于成本压力，建议前、后制动钳均采用铸铁浮动钳，可以考虑后制动钳采用铸铝壳体浮动钳作为轻量化方案；C级车建议全部采用铸铝壳体制动钳作为轻量化技术方案；B级车轻量化技术路径处于两者之间，根据项目需求而定。

图5-8　通风制动盘

制动钳轻量化总体目标：前、后制动钳均采用铸铝壳体。

（13）制动踏板　A级车限于成本压力，建议采用钢支架、实心摆臂制动踏板；C级车建议采用铝壳体、U形摆臂或空心摆臂制动踏板；B级车轻量化技术路径处于两者之间，根据需要确定。

制动踏板轻量化总体目标：踏板支架采用铝支架或塑料支架，踏板摆臂采用空心摆臂或U形摆臂。

（14）真空助力器　A级车限于成本压力，建议采用钢壳体真空助力器；C级车建议采用铝壳体真空助力器；B级车轻量化技术路径处于两者之间，根据需要确定。

真空助力器轻量化总体目标：应用贯穿式铝壳体真空助力器。

5.1.3　传动系统轻量化

在汽车传动系统上应用的轻量化材料主要有高强度铸铁、高强度钢、铝合金、镁合金、碳纤维复合材料和高强度塑料等。乘用车离合器、变速器、差速器和驱动桥壳体主要由铝合金铸造，少数车型壳体采用高强度球墨铸铁材料；轴类零件采用中碳钢中空轴进行轻量化；齿轮主要应用传统的渗碳合金钢制造，近年来一些高强度塑料与复合材料齿轮正在研发和试验中。

传动系统轻量化的工艺主要有压力铸造、半固态成形、锻造、焊接、纤维缠绕、注射等。

铝合金、镁合金成形分为变形和铸造两种方法，当前主要使用铸造成形工艺。铝、镁合金可以使用砂型铸造、消失模铸造、压铸、半固态铸造等方法成形，传动系统壳体类零件主要采用压铸工艺制造。近年来发展起来的铝合金、镁合金压铸新技术有真空压铸和充氧压铸，解决了汽车大型和复杂形状零部件的成形问题，是当前进一步开发和改进铝合金、镁合金成形加工技术的方向。

驱动轴、传动轴等轴类零件轻量化制造工艺主要有锻造、焊接、碳纤维缠绕等方式。碳纤维复合材料传动轴由碳纤维丝缠绕而成，传动轴轴管单独制作完成后，再与钢制万向节进行组装。轴管与万向节之间的连接是过盈配合，需要压入，组装工艺并不复杂，需碳纤维轴管厂商做相关指导。

铝合金传动轴的制造工艺为：当铝合金轴锻造完成后，经过特殊摩擦熔焊工艺与钢制万向节进行焊接。

空心驱动轴的制造工艺有两种：一是摩擦焊，二是旋锻。摩擦焊空心轴需要分别加工空心轴管与两端的实心外花键柄，再做摩擦焊接，而旋锻空心轴则是对一段完整的空心轴做旋转锻造加工而成。

离合操纵机构轻量化制造工艺一般为注射成型，离合器塑料踏板支架及摆臂、塑料主缸缸体等成形方式为注射成型。注射成型具有成形周期短、能一次成形复杂外形、尺寸精确等优点，并且对成型各种塑料的适应性强，生产效率高。在国内，此技术在其他产品中应用广泛，比较成熟，未来离合器操纵机构系统各零部件的塑料制品实现国产化可能性较大。

1. 变速器轻量化技术路径

由于变速器壳体是变速器内部齿轮的支撑体，同时也受动力总成模态的制约，因此壳体刚度和强度是设计时需要重点考虑的。在应用镁合金材料设计变速器壳体时，需要对壳体强度和刚度进行模拟计算，并对整体动力总成的模态进行分析。零部件试制后，需在整车上对强度和刚度进行复验。

目前，我国镁合金精密压铸件市场成熟度处于稳步上升阶段，随着国家对节能环保政策和循环经济的日益重视，对汽车油耗的要求越来越严格，汽车产品对轻量化的要求越来越高，轻量化镁合金压铸件市场需求将逐步扩大。镁合金作为最轻的金属材料，是世界公认的绿色工程材料。随着镁合金生产技术和性能的逐步完善和不断改进，其市场需求将快速增长，应用领域也将逐步拓展。

2. 传动轴轻量化技术路径

（1）碳纤维复合材料传动轴　据了解，国内供应商中只有万向集团做过这方面的技术储备。碳纤维材料轴管来自日本东丽集团。硬质碳纤维一体式传动轴如图5-9所示。

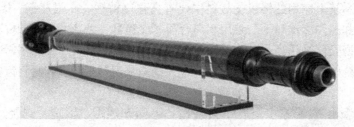

图5-9　硬质碳纤维一体式传动轴

注：宝马的工程师们开发了一款非常少见的一体式传动轴，硬质碳纤维材质传动轴能够承受较大的转矩传递，这根传动轴为减重贡献了5kg的成绩

（2）铝合金传动轴　吉凯恩（GKN）集团有制造组装铝合金传动轴总成的能力，该传

动轴只在宝马和庞蒂亚克（PONTIAC）的部分车型中使用。

3. 驱动轴轻量化技术路径

1) 空心轴方面：有摩擦焊空心轴与旋锻空心轴，国内供应商有相关技术资源。异种材料连接的碳纤维复合材料驱动轴如图 5-10 所示。

图 5-10　异种材料连接的碳纤维复合材料驱动轴

2) 硬齿面花键方面：国内供应商有相关技术资源。

4. 离合器操纵机构轻量化技术路径

根据国内外的应用情况，离合器踏板轻量化术路径初步规划如下：

1) 掌握塑料支架的设计和仿真计算方法，了解塑料离合器踏板的生产制造工艺。

2) 将塑料离合器踏板应用于相应整车项目。

离合器操纵机构的其他零部件主要为二次开发件，一般选用供应商的现有产品。FTE、法雷奥、LUK 等都已有现成产品，但大部分还是进口零部件，国产化程度较低，未来的轻量化技术路径需要根据供应商相应零部件的国产化情况而定。

> 💡 **小知识**
>
> **传动系统轻量化策略**
>
> （1）6 速直连结构　通过以 1.000 的变速比直接连接 6 速齿轮，变速连杆上不再需要设置反转机构，不仅重量轻，还提高了变速连杆高效的直接感受。
>
> （2）输入减速比的低速化　这是一项既降低了油液搅拌阻力，还通过减轻输入变速器的发动机转速波动，减少了敲击噪声，兼顾了两个相互矛盾功能的技术突破。利用这项关键技术，兼顾了轻量化、静音性与高效化。
>
> （3）同步器全档位主轴配置　因为无须在变速连杆结构的副轴上连接部件，所以提高了连杆效率，实现了轻量化，而且还降低了副轴搅拌阻力，为实现高效率做出了贡献。
>
> （4）低温低黏度油　冬季，随着温度降低，变速器油的黏度增加，有时会出现不易换档的情况。为了消除这一问题，马自达新开发出了低温低黏度油，在降低搅拌阻力的同时，达到了不受季节变化影响的换挡性能，单元阻力与现行款 Roadster 的 6 速手动变速器相比，大约降低了 30%。

5.1.4 外饰零件轻量化

(1) 风窗玻璃 风窗玻璃作为汽车重要的外观零件，不仅要为驾乘人员遮风挡雨、提供良好的视野，而且在遇到突发性事故时能保护驾乘人员不受直接伤害。随着汽车工业水平的不断提高，轻量化逐渐成为一个重要的发展方向，而玻璃在整车重量中占2%~3%，作为整车轻量化的一部分，不可或缺。

在造型确定的情况下，玻璃表面积是一定的，则影响玻璃重量的就是料厚 t 和密度 ρ，故而确定玻璃减重的两个方向为降低车用玻璃的密度和厚度或采用功能等效的替代材料。风窗玻璃如图5-11所示。

图5-11 风窗玻璃

玻璃的材料成分以 SiO_2 为主，密度为 $2.5g/cm^3$，若使用密度为 $1.2g/cm^3$ 的聚碳酸酯（PC）替代传统玻璃材料，将大大减轻玻璃的重量。

聚碳酸酯是一种光学性能可以与玻璃媲美的透明热塑性塑料，也是一种具有耐冲击和良好韧性的聚合材料，替代石英玻璃会产生良好的轻量化效果。但是由于聚碳酸酯在强烈撞击下破碎的形态尚不满足车内乘员保护要求，故目前只用在汽车三角窗、天窗和后风窗上替代石英玻璃。

风窗玻璃轻量化技术路径：

1) 减薄料厚。

2) 用聚碳酸酯替代传统玻璃材料。在三角窗、天窗和后风窗上用聚碳酸酯塑料替代传统石英玻璃材料，可以实现有效的轻量化。

(2) 外饰塑料件 在汽车外饰方面，采用塑料的零部件有前后保险杠及其附件、机舱内及地板下的各种护板、前后轮罩、门槛装饰板、扰流板、牌照灯装饰板等，这些零部件选用的材料多为PP及其改性材料，极少数为ABS及其改性材料。

从结构的角度来说，汽车中使用的塑料多为外观零件，受造型影响较大，用户感知度高。因此，现今主流的思路是在保证零件强度和刚度的基础上尽可能减少料厚。

从工艺的角度来说，近年来注塑工业新开发的注塑微发泡技术可以在保证制品大部分刚度和强度的基础上降低重量、减少成本，可以作为汽车外饰件轻量化工作的一个思路。外饰装饰件如图5-12所示。

外饰塑料件轻量化技术路径：

1）化工行业需尽快开发出高溶脂、高刚性、高冲击的 PP 原材料。

2）通常与气体复压技术及夹层注射技术配合使用，可减轻表面粗糙的缺陷但无法达到高质量的外观要求。因此，该技术可尝试应用于各类护板、支架等非外观外饰零部件中（如车身底护板零部件）。

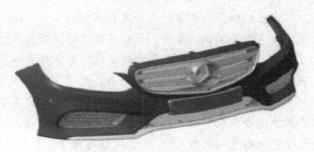

图 5-12 外饰装饰件

（3）刮水系统 传统的刮水器总成含有电动机、减速器、四连杆机构、刮水臂心轴、刮水片总成等。刮水器的轻量化也是汽车轻量化技术的一个重要方面。刮水总成轻量化的发展方向集中于新材料采用和新电子技术发展。汽车刮水系统中可应用新材料实施轻量化的零部件如下：

1）用塑料轴承支座替代铸铝轴承支座。POM 材料密度为 $1.39g/cm^3$，铸铝材料密度为 $2.7g/cm^3$，用 POM 轴承支座替代铸铝轴承支座可减轻零件重量。

2）塑料密封盖替代金属密封盖。PP 材料密度为 $0.91g/cm^3$ 左右，铸铝材料密度为 $2.7g/cm^3$，用 PP 材料的电动机密封盖替代铸铝材料的电动机密封盖，可减轻零件重量。

3）支撑杆采用碳纤维材料。现有的刮水器设计中，支撑杆多采用镀锌钢管材料，如采用碳纤维材料，重量可以减轻 35% 以上。但由于碳纤维材料和成型工艺成本高，目前并未大规模运用于车身结构件设计中。

刮水系统轻量化技术路径：在材料应用方面，与材料供应商共同研讨，将国内外先进材料技术引进到汽车行业中，或在现有材料种类基础上，改进材料属性，使其符合替换金属零件实际需要的工况条件。在新技术应用方面，对标目前直驱电动机的现有车型，建立这类直驱电动机刮水系统的性能参数数据库；与供应商联合设计，在近期某款车型上试验应用该技术，并通过大量的试验验证技术的可靠性。由于超声波刮水器应用的局限性，因此在乘用车上应用不多，可作为一项新的研究课题，为乘用车刮水系统未来技术发展趋势积累数据和经验。

> 💡 **小知识**
>
> **内外饰轻量化方案**
>
> 轻质材料：轻质材料的使用能带来非常直接的轻量化效果。在当前的主流设计中，轻质合金、复合材料的使用越来越广泛。内外饰材料中，PP 改性材料由于来源广泛、价格低廉，其使用量最大。内饰产品中，低密度的 PP 材料内饰板比传统的内饰板能减重 8%～15%。采用 EIPP 化学发泡技术的零件相比传统注塑件减重 20% 左右，并且生产效率更高，外观尺寸更稳定。比如在门护板上的应用，实体注塑 1.5mm，发泡后壁厚 2.8mm，不仅实现了较大程度的减重，并且比同重量的实体注塑有更高的强度。天然纤维填充 PP 能比传统的矿物填充 PP 减重 10%；PHC 纸质蜂窝做行李箱隔板比传统的 PP 木粉板减重 30%，并且无异味，无 VOC（挥发性有机化合物）；用 PHC 制造的发动机盖比传统的金属冲压件能减轻 50% 的重量。

以塑代钢：由于塑料的密度只有钢的 1/4～1/7，在满足同等强度和刚度情况下能实现减重 30%～50%。其中，长玻璃纤维增强聚丙烯材料不仅具有高强度、高刚性、好的冲击强度、抗蠕变性能和高尺寸稳定性，而且资源丰富，成本较低，同时还具有良好的流动性，可以做出形状复杂的汽车部件，已得到汽车行业的认可。内外饰的"以塑代钢"应用中比较有代表性的就是全塑尾门的应用。目前，市场上销售的汽车绝大部分的汽车背门都是金属冲压成形的，包含外板、内板、加强板以及内饰板等，零件数量多，结构复杂。全塑汽车后背门采用 SMC 或长玻璃纤维 PP 复合材料做内板，PP 矿粉填充材料做外板，通过黏结方式将内、外板黏结到一起。塑料后背门与金属门相比有更高的集成度和设计自由度，零件数量减少 60%，模具费用节省 1/2，实现减重 30%～40%。

学习评价

一、根据所学知识填写表格（表5-1）

表5-1 汽车零部件名称和使用的材料

序号	部件图片	汽车零部件名称和使用的材料
1		
2		
3		
4		
5		

（续）

序号	部件图片	汽车零部件名称和使用的材料
6		
7		
8		
9		
10		
11		
自我评价		
掌握情况		

二、实践活动

1. 根据所学知识，讨论车身轻量化技术路径如何制订。
2. 举例说明底盘轻量化的技术路径。
3. 根据所学知识，举例说明传动系统轻量化的技术路径。

5.2 电气系统轻量化

学习目标：低速电动汽车的主要电器零部件包括电动机、控制器、车载充电机、DC/DC 变换器等，目前市场上低速电动汽车的这些零部件都是独立系统，每一套系统都有独立的电子零部件和散热外壳，成本高同时占用车辆总布置空间。将这些零部件，按照功能系统或者物理位置进行集成，对于零部件的轻量化有非常重要的作用。

知识目标：1. 了解电子电器轻量化使用新材料的优点。
2. 了解电子电器轻量化使用的新材料的种类及材料应用。

技能目标：1. 能正确表述电子电器轻量化的材料应用。
2. 能分析电子电器轻量化技术路径。

素养目标：培养学生发现问题、分析问题的能力。

导入案例：
李先生之前了解到汽车电气系统轻量化是一个复杂、系统的工程，涉及汽车的各个总成和诸多零部件，尽管汽车电气系统对整车轻量化的贡献不同，但面对巨大的减排压力需要将车辆各部分的轻量化技术同步推进。

案例分析：
在设计时如果电压参数选择合理，可以考虑共用一套开关电源系统，共用一套散热系统，即利用一套开关电源合并两套系统，大大节约了电子零部件和材料成本，减轻整车重量。

把分散的零件进行集成与模块化，可以简化零部件机构的组合方式，从而降低零部件的重量。

5.2.1 电子电器系统轻量化

电子电器系统包括电源、控制器、执行器、显示装置、视听装置、电线束等，主要的元器件包括蓄电池、配电盒、各类控制器、传感器、电动机、灯具、开关、仪表、音响主机、扬声器、线束等零部件，占整车重量的4%左右，也有一定的轻量化空间。

1. 材料应用

（1）轻量化导线　导线作为整车电线束总成的主体，其重量和成本在整车电线束总成中的比例是最高的，所以选择合适的导线是实现线束轻量化和成本降低的重要因素。导线的发展趋势对线束的轻量化起着举足轻重的作用。在选材方面，目前市场上普遍采用的是铝合金导线，如铜包铝镁导线（现行法国标准的汽车部分采用），铝合金导线的重量约为铜芯导线的 1/2，其价格只有铜芯电缆的 75% 左右。此外，在满足导线使用性能的同时，小型化导线截面积也使用得越来越多。整车电线束如图 5-13 所示。

图 5-13　整车电线束

（2）发电机　发电机的主要轻量化技术是选用轻质材料代替传统材料，例如带轮可采用轻质高强度的钢材代替铸铁，驱动端盖和电刷端盖可采用轻质铝合金等材料，风扇和保护盖可以采用非金属材料。发电机如图 5-14 所示。

（3）起动机　起动机同样可以使用轻质材料代替传统材料来达到轻量化的目的，例如拨叉和行星减速齿轮可以使用非金属材料，前端盖可以采用轻质铝合金等材料，永磁体可以采用稀土永磁体等。轻量化后的 JFS110 起动机如图 5-15 所示。

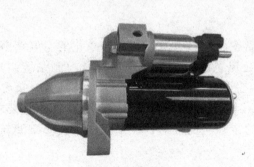

图 5-14　发电机

图 5-15　轻量化后的 JFS110 起动机

（4）扬声器磁体　目前，主要用于扬声器、音箱设备的磁体主要包括铁氧体和钕铁硼。一般情况下，在满足相同磁性需求时，钕铁硼磁体的重量约是铁氧体的 1/3。扬声器磁体采用钕铁硼是轻量化的方向。

2. 轻量化技术路径

（1）线束　选择铝合金导线，其重量约为铜导线的 50%；采用整体式线束布置可以降低整车线束重量。

（2）灯具　对于前照灯，高端车选择激光前照灯，灯具面罩材料选择 PC，可达到轻量化目的。

（3）控制器　选择由智能芯片高度集成的控制器。

(4) 扬声器　中高端车型的扬声器选择钕铁硼磁体材料,重量较轻的扬声器采用铆接装配。

(5) 发电机　定子绕组采用扁铜线,可以配用宽度小的定子铁心,降低定子质量;发电机爪极内嵌入永磁体,转子可以减少绕组使用量。

> **💡 小知识**
>
> 在汽车电子电器市场新一轮的机遇与挑战中,如何有效提高核心竞争力已经成为企业急需解决的问题。
>
> 中国汽车工程学会名誉理事长付于武认为,做好"七件大事"是提高企业核心竞争力并释放企业活力的重要手段,即:
> 1) 从事前管理向事中事后的监管转变来释放企业活力。
> 2) 形成以企业为主体的创新体制机制并向全产业学习。
> 3) 从速度效益型向质量效益型转变,追求发展质量。
> 4) 调整产品结构、市场结构与技术结构,比如在市场结构上调整为向国际市场进军。
> 5) 从经营产品到经营品牌。
> 6) 进行绿色发展,协同合作,汽车界必须对绿色发展做贡献。
> 7) 实施人才战略,尤其是工匠精神值得全行业学习。
>
> 做好这"七件大事"是当前电子电器行业实现供给侧转型升级的重要举措。

5.2.2　空调系统轻量化

汽车空调系统是实现对车室内空气进行制冷、加热、换气和空气净化的空气调节装置。现代空调系统由制冷系统、采暖系统、通风系统、空气净化装置及控制系统组成。随着2020年第四阶段油耗法规的发布,汽车轻量化对整车的燃油经济性将具有重要意义,故很多整车厂开始对整车质量进行严格控制,从而对各零部件供应商提出限重要求。因此,汽车空调系统在为人员提供更加舒适驾乘环境的同时,轻量化成为汽车空调新的发展趋势。

1. 材料应用

空调系统的三大关键部件——压缩机、冷凝器和蒸发器也需要顺应汽车发展潮流进行轻量化改进、优化。目前,压缩机仍以斜盘式、旋叶式和旋涡式压缩机为主,外部控制式变排量压缩机可以减少离合器频繁闭合产生的噪声和获得更佳的控制效果,电动压缩机能满足新能源汽车对空调的需求。汽车空调制冷系统两大换热部件蒸发器和冷凝器均采用防腐性能优异的Al-Mn系铝合金材料、整体钎焊工艺制造而成。压缩机总成展示如图5-16所示。

汽车空调的发展趋势对铝材应用有较大影响:①整车轻量化的要求推动了汽车空调用铝合金材料的开发,对汽车空调换热器的要求是换热效率高、体积小和重量轻,换热器中的重要铝材也同样面临着不断减薄和性能提升的挑战;②汽车空调将随新能源汽车的普及产生质的变化,缺少发动机作为主要热源,需要引入新的加热装置和新的换热部件,从而对铝材产

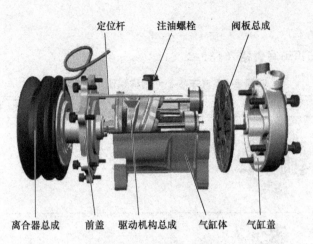

图 5-16 压缩机总成展示

生新的质量要求。环保型制冷剂的需求日益显著,目前比较热门的替代物有 HFO-1234yf、CO_2、R152a 等。无论采用何种替代方案,空调系统都需要进行改进,大幅提高承压能力,对铝材等材料的强度提出了更高要求。

2. 轻量化技术路径

因空调压缩机、冷凝器和蒸发器这三大关键部件均为二次开发件,故空调系统轻量化的技术路径为根据不同车型选择供应商现有的不同轻量化系列产品。

1)压缩机轻量化技术路径:对于传统汽车空调系统,选择轻量化的外控变排量压缩机;对于新能源车空调系统,选择小型化的电动涡旋压缩机。

2)冷凝器轻量化技术路径:选择集成制冷剂罐的过冷式平行流冷凝器。

3)蒸发器产品技术路径:选择平行流蒸发器。

4)空调三箱总成技术路径:选择两箱或单箱紧凑型结构的空调三箱总成。

> 💡 **小知识**
>
> **高效空调促进新工艺及新材料的开发和应用**
>
> 目前,欧美一些国家已经出台相关法规鼓励高效空调技术的应用,日本也在研究类似制度法规。我国汽车空调协会近年一直主张和呼吁高效空调相关鼓励制度,然而因诸多原因进展不是很顺利,不过迫于节能减排压力,车企在此方面已经开始着手和努力,不断尝试采用新的工艺、设计、材料等。
>
> 汽车空调系统主要由以下几个部件组成:汽车空调压缩机、冷凝器、节流膨胀结构、蒸发器、管路。以上汽车空调核心部件中,能耗提升主要体现在压缩机和冷凝器上。
>
> 在压缩机上,目前已有车企借鉴家用空调"变频"节能原理,对其进行"变排量控制",使之处于最佳的转速状态,从而提高能效比。而对于冷凝器,据介绍,因该部件对空调的能效影响较大(达40%),在效率提升空间上相对也比较大,目前一些新的工艺和技术手段正不断被研究和应用。

学习评价

一、根据所学知识填写表格（表5-2）

表5-2 汽车零部件名称和使用的材料

序号	部件图片	汽车零部件名称和使用的材料
1		
2		
3		
4		
5		
6		
7		

模块 5　汽车各总成轻量化技术路径

(续)

序号	部件图片	汽车零部件名称和使用的材料
8		
自我评价		
掌握情况		

二、实践活动

根据所学知识，举例说明汽车电气系统轻量化的技术路径。

5.3　电动机、动力电池轻量化

学习目标：从目前的技术结构上考量，还没有一种材料在轻量化电动机结构、动力电池的稳定性与安全性方面能够与碳纤维媲美。目前，制约碳纤维发展的因素是过高的价格。

知识目标：1. 了解电动机、电池轻量化使用新材料的优点。
2. 了解电动机、电池轻量化使用的新材料的种类及材料应用。

技能目标：1. 能正确认识电动机、电池轻量化的材料应用。
2. 能分析电动机、电池轻量化技术路径。

素养目标：树立学生安全意识、7S 管理意识。

导入案例：

李先生了解到动力电池 PACK 环节总会遇到一个令人烦恼的问题：采集线束布线凌乱，挤占电池包空间，装配依赖人工，难以实现自动化大规模生产。在动力电池能量密度提升迫切及轻量化势在必行的情况下，替代传统线束的新产品 FPC 应运而生。那么，动力电池轻量化有哪些途径？

案例分析：

对于不规则的电池箱体，圆柱电池可充分利用空间，相对方形和软包更有优势。通过减小电芯间距和模组轻量化，可使模组成组效率得到较大提高。

模组优化可以从多个方面着手。对于圆柱来说，业内新研发了 4680 电芯，电池技术路线向更高能量密度和更快充电效率革新。4680 体系在能量密度提升上超过方形高镍和刀片电池。圆柱电池使用钢壳机械应力更强，在使用硅基负极时对抗体积膨胀有天然优势。由于电芯体积增大为 2170 的 5 倍，单车由原来的 4 个模组变为直接集成到底盘，减少了中间件和结构件的使用，同时由于全极耳模式下发热量较低，不需要 BMS 中较多的液冷管排布，圆柱+全极耳使快充时热散方向和柱体平行，仅在电池板两端排置液冷板即可达到散热效果，进一步降低电池包重量和BMS管理难度；干电极技术减少极片材料的混料涂覆、干燥及溶剂回收环节，减少溶剂成本和混料设备投资，在原材料环节降本2.4%，在生产环节降本9.2%以上。

如果将动力电池钣金壳体换为全铝壳体，重量可减轻30%左右。此外，碳纤维材料也被视为比较有潜力的壳体材料。碳纤维材料密度小、重量轻，抗拉强度在3400MPa以上，且耐腐蚀、耐高温，在吸收冲击力上也有很大的优势，是实现汽车轻量化的上佳材料。

电动机和动力电池是电动汽车驱动系统的关键零部件。电动机主要包括驱动电动机本体、逆变器及控制器等部件。目前，车用电动机系统正向着高效率、高功率密度、高性能、小型化、轻量化、集成化、高可靠性、高适应性、高控制精度等方向发展。电动机系统的轻量化可通过采用轻质材料、高性能材料的方法实现，也可根据整车需求进行结构集成设计、性能定制设计，从而达到轻量化目的。

动力电池是新能源车辆（混合动力、插电式混合动力及纯电动汽车）的供能、储能系统，一般包括电池模块、电池管理系统、热管理系统（风冷、液冷）、高压配电盒、维修开关、高低压线束、壳体等部件。

动力电池系统的轻量化设计应通过新材料、新工艺、结构优化设计达成设计目标，采取设计先行、材料与工艺相辅相成的技术路径。应当根据每个零部件的受力、功能的要求分析零部件的应力并确定优化目标，进行优化后确定采用何种材料和工艺。

1. 材料应用

（1）电动机　采用轻质量、高性能材料是电动机系统进行轻量化的途径之一。通过选用高性能永磁体和导磁材料来优化电动机本体性能，提高功率、转矩密度，从而达到减重的目的；通过使用轻质材料代替通用材料，减少壳体等部件的重量。电动机的分解图如图5-17所示。

（2）动力电池　在动力电池总成轻量化设计过程中，可根据具体零部件的设计及使用要求，选择合适的材料对零部件进行设计。综合分析各种材料的特性及零部件设计要求，可充分利用材料特性满足总成轻量化设计要求。动力电池总成如图5-18所示。

图5-17　电动机的分解图

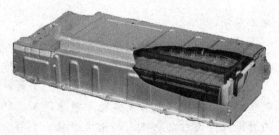
图5-18　动力电池总成

从成本、生产制造工艺技术成熟度方面考虑，将高强度钢作为目前普遍使用的普通钢零部件进行轻量化设计的替代材料，是现阶段对动力电池总成进行轻量化设计最具可行性的实现途径。

在动力电池总成箱体轻量化设计中，采用碳纤维复合材料作为动力电池总成下箱体、加强梁以及其他一些主要承载零部件，保证总成强度、刚度和抗冲击性能满足设计要求；采用塑料作为护壳、护板等绝缘零部件材料，保证总成具备良好的绝缘性能，并实现总成轻量化设计目标。

2. 轻量化技术路径

（1）电动机轻量化　根据车用驱动电动机系统技术发展趋势，可采用以下技术方案进行轻量化：

1）根据整车实际需求进行性能设计与优化匹配，减少设计冗余量。

2）优化电动机本体电磁设计，采用高性能永磁材料、高性能导磁材料、插针式导线等新材料、新工艺。

3）根据应用工况优化高效区位置，提高电能利用率，降低动力电池容量。

4）电动机、减速器、逆变器、充电机、直流/直流（DC/DC）变换器等总成考虑集成设计，降低壳体总重量和高压电气连接件的重量。

5）将整车控制器与电动机控制器集成，减少总成数量，降低总重量。

6）优化水道构型，进行详细的计算流体动力学（CFD）分析和传热性能分析，减小冷却液填充空间。

7）接线座使用新型绝缘材料，并根据注塑工艺保证接线座壁厚均匀。

8）选用高强度铝合金标准件代替钢制标准件。

（2）动力电池轻量化　通过与国内外供应商合作，选用性能优良的单体及模块（比能量、比功率高）集成电池总成。目前，国内外汽车企业主要采用高能量密度锂离子电池单体集成电池总成来实现动力电池轻量化。

高压电气件进行功能集成，减少高压零部件及固定支架数量，以满足轻量化目标。采用优质材料设计质量及体积优良的高压零部件（维修开关）进行轻量化，如高压线束采用铝制导线，铝导线具有重量轻、成本低廉等优势，且电气性能稳定可靠。

动力电池总成托架结构采用高强度钢和超高强度钢，结合CAE分析验证，拓扑优化结构，以达到轻量化目标。采用塑料、碳纤维等复合材料设计电池上下箱体，动力电池总成内部高低压电气件做集成化设计，减少支架等结构件数量，都能有效减轻动力电池总成质量。动力电池总成逐步朝着轻质、高能量、高能量/功率密度、高安全可靠性、低成本的方向发展，以满足新能源汽车的使用需求。

> 💡 **小知识**
>
> **电动机轻量化的实现方式**
>
> （1）优化电动机结构　业内专家认为，改变绝缘的厚度，或者优化通风结构、电动机绕组方式等可以有效减小电动机的体积，降低电动机的重量。常见的结构优化方式有转子铁心增加减重孔设计或者采用转子支架降低转子重量。
>
> 其中，在永磁同步电动机永磁体槽底部和电动机轴表面之间存在很大的半径差距，存在较大的优化空间。通过电动机转子机械强度和磁路仿真试验，改善转子中减重槽的结构和尺寸，配以轻量高强度的合金材料，可以实现电动机的轻量化、高功率密度化。
>
> 另外优化磁路结构、分配铜损和铁损、优化电动机温度和改变冷却方式都可以达到轻

量化的目标。

（2）集成化　通过机电集成和控制器集成，有利于减小驱动系统的重量和体积，其中较为常见的集成有电动机与发动机集成、电动机与变速器集成和电动机与减速器集成等。西门子研发的西门子Sivetec MSA 3300，将电动汽车动力系统中的逆变器与电动机集成到一起，两个组件共用一套冷却单元，通过这样的方法，就可以降低驱动系统的重量和节省内部空间结构。

（3）材料的选择　一般来说，采用永磁同步电动机作为驱动，比采用异步电动机轻许多，这也是永磁同步电动机作为主流电动机的重要原因。高性能永磁材料和高性能导磁材料的运用，可以有效帮助电动机企业实现轻量化的目标。

其中，电动机定转子铁心材料的选择极大程度地影响了电动机定子和转子尺寸、电动机功率密度、电动机铁损和电动机效率。专家认为，超薄高饱和材料硅钢片的使用可以有效提高电动机功率体积比和功率密度。

业界人士认为，铸铜转子电动机比铸铝转子电动机重量轻很多，同时铸铜电动机的成本也更低。

（4）小型化　小型化主要是通过电容与母线的集成、使用下一代宽禁带半导体器件。

除了上述方式之外，业界人士还认为，轮毂电动机是新能源汽车实现轻量化最有效且直接的方式。因为轮毂电动机实现了新能源汽车发动机、变速机的一体化，创造性地将动力、传动和制动装置整合到轮毂内，变中央式驱动为分布式驱动，省掉了变速器、传动轴、差速器等80%的传动部件，从而减轻30%的重量。

学习评价

一、根据所学内容填写表格（表5-3）

表5-3　汽车零部件名称和使用的材料

序号	部 件 图 片	汽车零部件名称和使用的材料
1		
2		
3		

（续）

序号	部件图片	汽车零部件名称和使用的材料
4		
5		
自我评价		
掌握情况		

二、实践活动

根据所学知识，举例说明电动机、动力电池轻量化的技术路径。

5.4 混合动力发动机轻量化

学习目标：了解发动机轻量化材料的种类、性能及应用。近年来，为了满足低燃油消耗、低污染的要求，汽车厂商在发展油电混合动力甚至纯电动汽车的同时，也在积极研发新材料，以实现汽车轻量化的目的。作为汽车"心脏"，发动机也成为轻量化过程中的关键部分。

知识目标：1. 了解汽车发动机轻量化使用新材料的优点。
2. 了解汽车发动机轻量化使用的新材料的种类及材料应用。

技能目标：1. 能区分汽车发动机轻量化的材料。
2. 能分析汽车发动机轻量化技术路径。

素养目标：培养学生发现问题、分析问题的能力。

导入案例：

李先生了解到为了减少燃油消耗和降低 CO_2 排放，汽车的轻量化已经成为众所关注的焦点之一。研究表明，汽车整备重量每减少 100kg，百千米油耗可降低 0.3~0.6L。此外，汽车轻量化还可以提高汽车动力性，节省材料，降低成本。发动机的轻量化，除了上述目的以外，还有哪些目的呢？

案例分析：

发动机的轻量化，除了可实现上述目的以外，还会改变整车的质量分布（汽车行驶动力学）。将汽油机改换成柴油机时，往往会使发动机变重（坚固的结构、涡轮增压器、增压空气冷却器、喷油装置等），导致前桥轴荷增加，使得整车的均衡性受到破坏。所以，轿车发动机的轻量化已经成为整车开发中一个不可忽视的问题。

5.4.1 发动机轻量化

在乘用车轻量化过程中,发动机轻量化是其中的重要内容之一。据不完全统计,发动机在乘用车中占整车重量的12%左右,是除底盘、车身(分别占38%、42%)以外的第三大重量来源。

发动机的轻量化必须在保证工作可靠性和整车安全性的前提下,通过材料、工艺、结构的优化设计达成轻量化目标。即:

1)应用轻量化材料及先进的成形工艺技术,实现汽车发动机产品零件的轻量化。
2)采用先进的加工设备及技术实现发动机零件的轻量化。
3)通过拓扑优化分析相关零件结构并进行尺寸优化和形状优化,降低零件重量并同时降低零件成本。
4)通过不同零件功能组合,进行零件模块化设计,减少零件数量,提高模具的使用性能,达到轻量化、低成本的目标。

在具体实施的过程中应采取概念设计先行、材料与工艺相辅相成的技术路径,首先根据每个零部件的受力和功能要求分析零部件的应力并确定优化目标,然后进行优化后再确定采用何种材料和工艺。

1. 材料应用

发动机的工作环境比较恶劣,温度变化范围大且振动较强,对材料性能要求较高,需要在40~150℃反复变化的温度下具有耐热、耐老化、耐油、耐化学腐蚀、耐落锤冲击性、较好的振动和噪声衰减性、对振动和外力优良的耐久性等特性。先进的轻质材料可以使发动机小型化,增加发动机功率密度,以达到降低汽车总质量的目的;同时使发动机的力学性能得到显著改善,提高其在极端温度和摩擦条件下工作的性能。

发动机轻量化在材料方面首先是考虑用铝合金、镁合金材料替代密度大的铸铁材料,在优化改进结构的基础上实现结构更强、重量更轻。目前,汽车用铝量80%是铝合金铸件,铝合金用于发动机零部件制造和壳体类零件等,如气缸体、气缸盖、活塞、进气管、水泵壳、起动机壳体、摇臂、发动机支架、滤清器底座、齿轮室罩盖、飞轮壳、油底壳等。铝合金气缸体如图5-19所示。

镁合金在西方已广泛应用于链条室、气门室罩盖和其他盖板类零件,用镁合金制造缸体的研究国外也正在进行之中。镁合金气缸盖罩如图5-20所示。

图5-19 铝合金气缸体

图5-20 镁合金气缸盖罩

目前，发动机进气歧管、气门室罩盖、油底壳等都有很多应用塑料的实例，与金属材质相比，塑料零件可以减轻质量并降低成本。以气门室罩盖为例，其重量减轻50%，则成本降低30%。塑料进气歧管（见图5-21）具有重量轻、成本低和设计自由度大等优点，用其替代金属进气歧管是必然趋势。塑料零件在发动机上应用比例逐步扩大，现已占据主导地位，并将继续提高应用比例。由于尼龙具有较好的综合性能，并具有品种多、较易回收循环利用、价格相对便宜等优点，尤其是用玻璃纤维改性后其主要性能（如强度、制品精度、尺寸稳定性等）均有很大的提高，因此玻璃纤维增强尼龙是发动机零部件的理想用材之一。

钢铁材料的用量虽逐年减少，但由于汽车发动机的高功率化、传动系统的紧凑小型化，高强度钢的用量有相当大的增加。高强度结构钢使零件设计得更紧凑和小型化，有助于汽车的轻量化，其应用于气门弹簧、齿轮、胀断连杆等。

铸铁由于其性能和成本方面的诸多优点，在汽车材料中仍然占有一席之地。铸铁材料的进步更使之在汽车上的应用出现了新亮点。据称蠕墨铸铁气缸体比灰铸铁气缸体降重16%，而结构刚度则提

图5-21　塑料进气歧管

高12%~25%。采用蠕墨铸铁制造气缸体还可改善摩擦磨损性能，降低振动和噪声，改善排放。

粉末冶金材料成分自由度大和粉末烧结工艺的近净形特点，使其在汽车上的应用有增加的趋势，特别是铁基粉末烧结材料在要求较高强度的复杂结构件上的应用越来越广泛。组装式粉末冶金空心凸轮轴是近年来的新产品，与常规的锻钢件或铸铁件相比，可减重25%~30%。此种凸轮轴已在高速汽油机上使用，随着柴油机凸轮轴服役工况的日益苛刻，粉末冶金空心凸轮轴有推向柴油机的趋势。戴姆勒-奔驰汽车公司的重卡系列发动机的凸轮轴已经采用了装配式粉末冶金凸轮的凸轮轴。粉末锻造连杆已经成功应用，近年来开发的一次烧结粉末冶金连杆技术的生产成本较低，可实现11%的轻量化。德国Opel汽车公司、美国福特汽车公司和通用汽车公司的粉末冶金连杆均投入大批量生产。

2. 轻量化技术路径

发动机主要零部件的轻量化技术路径如下：

（1）乘用车发动机缸体　对于铸铁缸体采取保证铸造壁厚、减小壁厚公差、优化局部结构的方法，结合铸造工艺的改进进行轻量化，主要的优化内容如下：

1）优化主轴承壁、缸体裙部、上下法兰面结构，减重2%~3%。

2）优化主轴承盖结构，通过分析降低主轴承盖壁厚，减重1%~3%。

3）进行薄壁蠕墨铸铁等高强度铸铁缸体的研究，可保证在高强化的条件下缸体降重而不增重。

4）缸体总的减重目标为8%~10%。

铸铝缸体优先考虑采用压铸铝缸体的技术方案，在保证结构轻强度的情况下，做到结构轻量化。其主要的工作内容是解决铸铝缸体结构设计、压铸工艺等设计工艺难题，然后扩展应用。发动机缸体机构如图5-22所示。

(2) 曲轴

1) 对于 9L 及以上排量发动机的曲轴，优化平衡块数量及外形尺寸，由八平衡块优化为四平衡块可减重 5%～7%，优化曲柄形状可减重 3%。

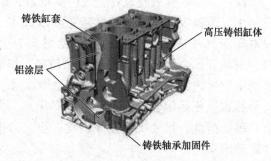

图 5-22 发动机缸体机构

2) 对于 3～7L 排量发动机的曲轴，采用高强度、密度较低的球墨铸铁滚压曲轴替代现有的锻钢曲轴，可减重约 5%；优化平衡块数量和形状，可减重 5%～7%；采用球铁滚压曲轴，成本较钢轴降低 20%。

3) 对于乘用车的曲轴，采用高强度球墨铸铁滚压曲轴替代现有的锻钢曲轴，可减重约 5%；优化平衡块数量和形状，可减重 5%～7%；采用主轴颈与连杆轴颈空心结构的铸造曲轴，可减重 10%～12%；对于锻钢曲轴，可以将连杆轴颈加工成空心结构，实现减重 5%。发动机曲轴如图 5-23 所示。

图 5-23 发动机曲轴

(3) 连杆 采用高强度钢可减重 6%；优化连杆头部、杆身和大小头结构，可减重 7%～8%；螺纹加工采用辊挤压成形工艺，减小连杆螺栓长度，连杆质量可降低 3%～5%。以上步骤全部实施，连杆质量可降低 8%～15%。梯形连杆如图 5-24 所示。

(4) 凸轮轴 装配式空心凸轮轴可降重 30% 以上，是目前非常成熟的技术，在国外无论乘用车发动机还是商用车发动机都已经广泛应用，大有取代传统铸造凸轮轴的趋势。空心凸轮轴如图 5-25 所示。目前，成熟的供应商有帝森-克虏伯、宁波-圣龙等公司，在国内实现了大批量生产。

图 5-24 梯形连杆

图 5-25 空心凸轮轴
1—轴管的加宽部分 2—环形凸轮 3—轴管

(5) 气门室罩盖及油底壳 气门室罩盖及油底壳采用工程塑料制造,是国内外发动机轻量化设计的通行做法,在国外无论乘用车还是商用车,塑料油底壳均被广泛采用。气缸盖罩如图 5-26 所示。

(6) 发动机缸盖及排气歧管模块 发动机模块化设计是实现发动机轻量化的重要手段。目前,在增压汽油发动机中对发动机气缸盖与排气歧管进行模块化设计,已经成为一种趋势。将排气歧管与缸盖集成,一方面可以对排气歧管进行冷却,提高经济性,解决排气温度过高的可靠性问题;另一方面可以减少排气管法兰、螺栓等连接零件,大幅度降低整车重量。对于2L左右的汽油增压发动机,可减重 2~3kg,是减重的重要途径之一。

图 5-26 气缸盖罩

(7) 其他模块 在下一代发动机开发过程中,模块化的概念在国际上已经成为设计趋势,有油底壳+机油收集器的润滑系统模块、滤清器及机油冷却器模块、散热器+中冷器+管路的冷却系统模块。在今后新开发设计的发动机中应逐渐实现根据不同的功能进行模块化设计,减少零件数量,实现结构轻量化的目标。

> 💡 **小知识**
>
> **发动机轻量化技术应用策略**
>
> (1) 缸体"减肥瘦身" 把缸体从根本上进行结构调整优化,其中最重要的轻量化设计是将铸铁缸体的壁厚从 3.5mm 减少到 3mm,尽管壁厚减少了,但这并不会影响发动机的强度;在第二代发动机中重量为 2.4kg 的粗油气分离器在第三代发动机中被完全取消;缸体内的水道走向和位置也作了一定的调整,散热效率得到进一步优化。
>
> (2) 曲轴采用轻量化设计 发动机的曲轴毛坯为铸造件,与第二代发动机相比,曲轴的主轴径由 52mm 减小至 48mm,平衡块也由 8 个减少至 4 个,因此曲轴自重也降低了 1.6kg。对于铸造曲轴来说,减少了配重块后曲轴重量更轻,这对机加工精度的要求会变得更高。
>
> (3) 平衡轴采用轻量化设计 平衡轴减小了自身尺寸,平衡轴的轴颈造型采用了类似偏心式的设计,起到减缓发动机整车振动作用的同时,与原来圆柱形轴颈相比较质量更轻。
>
> (4) 油底壳采用轻量化材料 油底壳上体材质为铸铝,机油泵和飞溅隔板被拧紧固定在油底壳上体中,用于机油进回流过程。油底壳下体材质为塑料,通过材质变化使该零件减重约 1.0kg,排油螺栓也用塑料制成。
>
> 从长远来看,通过结构优化、材料选择、工艺匹配等方方面面,实现降低能耗的目的,同时满足可靠性和轻量化要求,将是发动机未来的发展方向。

5.4.2 附件轻量化

发动机附件主要包括动力总成支架、进气系统、燃油系统、排气系统和冷却系统。

(1) 动力总成支架 动力总成悬置支架是动力总成悬置系统的安全件和功能件,设计动力总成悬置系统时对支架的强度、系统模态频率与解耦度都有很高的要求，同时悬置支架还要具有耐腐蚀和低蠕变等特性。

（2）进气系统　进气系统主要由冷空气进气口、空气滤清器、进气连接管、涡轮增压器、节流阀体、进气歧管、空气流量计或进气歧管压力传感器等组成。近几年来，进气系统主要向集成化、提升发动机高功率时的性能、协助控制整车排放、提高声品质的方向发展。进气系统集成化使空气滤清器集成在发动机上，实现进气系统模块化，还可减少非必要零部件，使结构简化。节省空间，既减轻了重量，又降低了成本。

（3）燃油系统　燃油系统主要由燃油箱总成、加油管、燃油泵总成、燃油滤清器、燃油箱吊带、碳罐以及管路组成。目前，汽车燃油箱普遍采用塑料材质，与金属燃油箱相比，塑料燃油箱在环保、节能以及轻量化等方面体现出了较大的优势。在美国、欧洲等国家及地区，乘用车和轻型车的塑料燃油箱比例都超过了90%，我国混合动力汽车大部分也已使用塑料燃油箱。

（4）排气系统　排气系统一般是指从发动机排气歧管到排气尾管各个部件的组合，主要包括排气歧管、三元催化器、波纹管、消声器、排气管、尾管、吊钩等部件。

（5）冷却系统　冷却系统部件主要包括散热器、中冷器、电动风扇、膨胀水箱、电动水泵、管路等。冷却系统轻量化的方向主要体现在系统布置优化和局部零件轻量化。对于自然吸气车型，冷却系统布置优化的方向为由封闭冷却系统改为半封闭冷却系统；对于新能源汽车，冷却系统不再由单一的发动机冷却系统构成，新增电气件的冷却系统、电池冷却系统，优化新能源汽车冷却液管路，可以极大节约管路材料、相应标准件及冷却液的使用。对于局部零件轻量化，使用铝材替换铜，改变翅片的成形形状，使得散热器芯部和中冷器变得更薄；优化电动风扇扇叶、电动机结构，采用更轻的护风圈材料，实现冷却系统电动风扇轻量化。

1. 材料应用

发动机附件轻量化主要从两个方面着手：新材料的应用和优化结构及制造工艺。发动机附件轻量化材料主要有工程塑料、热塑性弹性体材料、尼龙、聚丙烯（PP）、铝合金和其他非金属材料。

（1）动力总成支架轻量化　动力总成支架的轻量化手段主要是在原有材料的基础上更换轻质材料并进行拓扑优化设计。将动力总成支架的材料由铸铁更换为铝合金材料，可以在原有重量的基础上减重50%，一般进行结构优化可以在原有重量的基础上降重20%。目前，悬置支架的主要材料有铸铁、钢和铝合金，随着材料技术的进步，性能优越的工程塑料开始在悬置支架中使用，如巴斯夫（BASF）欧洲公司的加强型尼龙，其力学性能几乎与金属材料相当。

（2）进气系统轻量化　进气系统中空气滤清器的轻量化材料未来以PP为主，PP中的添加剂可能会由目前的滑石粉逐渐替换为玻璃纤维；进气连接弯管的材料目前仍以橡胶（如EPDM、NBR等）或共聚酯（TPC）为主。近几年热塑性硫化弹性体（TPV）逐渐发展起来，采用TPV材料的进气连接弯管在重量上一般可比传统橡胶管路降低25%左右，相同长度的TPV管路和塑料管路重量相当；涡轮增压管路硬管段材料以塑料管路最轻，使得塑料管路应用越来越普及，软管段材料主要是乙烯丙烯酸酯（AEM）橡胶或氟硅胶，若冷端管路较长，则可以采用一体化吹塑方式来降低管路重量。

(3) 燃油系统轻量化　燃油系统轻量化主要从以下两个方面实现：

1) 采用塑料燃油箱，同时加油管也采用塑料材质。

2) 取消吊带。

目前，汽车燃油箱普遍采用塑料材质，重量小、防腐能力强、加工工艺简单且安全性高。燃油系统的燃油管路总成主要有钢管和尼龙管。随着五层尼龙管制造技术的进步及性能的提高，尼龙管已经被大量使用。德系和美系车型基本都采用尼龙管，日系车型大部分采用钢管。

(4) 排气系统轻量化　为适应耐高温、耐盐腐蚀、耐冷凝水腐蚀的环境要求，排气系统零部件需使用耐蚀性、耐热性优良的材料。目前，排气系统已经用耐热性、耐蚀性及外观性好的不锈钢替代过去使用的铸造件和镀铝钢板，尚没有新材料的应用可以降低排气系统重量。

(5) 冷却系统轻量化　冷却系统轻质材料的应用主要有铝材替代铜材、非金属材料替代金属材料、尼龙代替橡胶材料。乘用车所使用铜质散热器基本上已经被铝材所取代，如很多散热器内置的机油冷却器，正在由铜材向铝材改进；非金属材料替代金属材料在冷却系统中最典型的应用体现在空-空中冷器的气室材料上。目前，很多自主品牌车型的中冷器仍使用铸铝气室，而合资品牌早已经用注塑气室替代了铸铝气室。冷却系统橡胶管路用于输送冷却液，管路众多，使用多层尼龙管，壁厚仅需做到1mm，这样既降低了重量，又节约了空间。

2. 轻量化技术路径

动力总成支架分为承载式支架和非承载式支架。动力总成支架轻量化技术路径是先进行非承载或承受轻载动力总成支架的塑料化，再进行承载式支架的塑料化。具体计划为：2018年完成工程塑料动力总成支架的预研，掌握塑料支架的结构设计和仿真分析，了解塑料动力总成支架的生产制造工艺；2020年完成所有车型动力总成悬置系统非承载式动力总成支架的塑料化；2025年完成塑料动力总成支架的普及，绝大多数动力总成支架材料均采用工程塑料，并编制塑料支架台架试验规范和整车试验规范。

对于集成式进气系统，目前已进行装饰罩式空气滤清器的设计，未来的进气系统设计在空间允许的情况下，目标也是设计成集成式进气系统；对于进气连接弯管，未来的目标是采用热塑性弹性体类材料（TEEE）或TPV替代橡胶材料；对于涡轮增压管路，目前主要采用橡胶管，目标是采用塑料增压管。

吹塑塑料燃油箱已经成熟地应用于各大主机厂的车型中，而且在未来一段时期内，塑料燃油箱仍将趋于主流；目前尼龙燃油管路已大量应用，但是随着燃油蒸发、排放法规越来越严格，未来目标是开发更好的阻渗层，使尼龙燃油管路达到零渗透；对于燃油泵总成，采用可变电压控制是未来的发展趋势。

汽车厂家与供应商联合开发排气系统，研究半主动及主动消声技术，并应用在实车上。以A级车为例，到2025年冷却系统散热器总成轻量化目标是总体容积减少25%，芯体厚度减薄20%，质量降低10%，主要依托供应商工艺发展水平实现风扇整体功率重量比提升10%以上，依托供应商优化电动机结构，推广无刷电动机的使用；电动水泵总成通过优化电动机结构，改进散热模块，水泵整体功率重量比能够提升10%以上；推广多层尼龙管，替代冷却系统橡胶管路的使用。

小知识

新材料应用是减轻发动机自重的一个重要途径

目前,在减轻发动机自重方面最为突出的就是高强度材料的应用和一些轻质合金材料的应用。蠕墨铸铁就是一种高强度的材料,它的力学性能和铸造工艺性能介于灰铸铁和球墨铸铁之间,很适合制造强度要求较高及要求承受热循环负荷的零件,如气缸体、气缸盖等。减轻单个零部件的重量也是减轻发动机总重量的有效途径,而机体作为发动机中最大的核心零部件,占总重量的1/4,发动机的"瘦身"当然要从它下手。

发动机"瘦身"能有效地减少原材料的消耗,降低企业生产成本;对于用户来说,发动机"瘦身"了,整车的油耗会降低,运营成本就会减少。发动机轻量化还是节能、环保的一项重要手段。

发动机的外观、造型、结构都会考虑客户对美观的严苛要求,但这里要说的发动机"瘦身"跟追求美丽不是一码事,毕竟发动机不是靠美丽的外表来吸引用户,眼球经济在发动机行业行不通。发动机结构轻量化的手段还有零部件模块化设计、外附件轻量化,对某些部件进行有限元分析,采用拓扑结构优化等。

对于发动机轻量化,我们要追求"两降一保"。"两降"就是要降重、降成本,"一保"即是保质量。发动机轻量化不是跟风,更不是偷工减料,没有质量作保证,产品根本没市场,到头来只是搬起石头砸自己的脚而已。

学习评价

一、根据所学内容填写表格(表5-4)

表5-4 汽车零部件名称和使用的材料

序号	部件图片	汽车零部件名称和使用的材料
1		
2		
3		

模块 5　汽车各总成轻量化技术路径

（续）

序号	部 件 图 片	汽车零部件名称和使用的材料
4		
5		
6		
自我评价		
掌握情况		

二、实践活动

根据所学知识，举例说明发动机轻量化的技术路径。

参 考 文 献

[1] 王存宇，杨洁，常颖，等. 先进高强度汽车钢的发展趋势与挑战 [J]. 钢铁，2019 (2)：1-6.
[2] 节能与新能源汽车技术路线图战略咨询委员会，中国汽车工程学会. 节能与新能源汽车技术路线图 [M]. 北京：机械工业出版社，2016
[3] 中国汽车工程学会，中国汽车轻量化技术创新战略联盟，中国第一汽车股份有限公司技术中心. 中国汽车轻量化发展：战略与路径 [M]. 北京：北京理工大学出版社，2015.
[4] SKSZEK T，CONKLIN J，ZALUZEC M，et al. 多材料轻量化车辆设计与测试 [M]. 王扬卫，韩维文，陈瑶，译. 北京：北京理工大学出版社，2017.
[5] GECK P. 汽车轻量化用先进高强度钢 [M]. 魏巍，杨文明，译. 北京：北京理工大学出版社，2017.
[6] 韩维建，张瑞杰，郑江，等. 汽车材料及轻量化趋势 [M]. 北京：机械工业出版社，2017.